H.-G. WELLS

La Guerre
qui tuera la Guerre

TRADUIT DE L'ANGLAIS PAR

GEORGES-BAZILE

PARIS

" ÉDITIONS ET LIBRAIRIE "

40, RUE DE SEINE, 40

La Guerre
qui tuera la Guerre

H.-G. WELLS

—

La Guerre
qui tuera la Guerre

TRADUIT DE L'ANGLAIS PAR

GEORGES-BAZILE

PARIS

" ÉDITIONS ET LIBRAIRIE "

40, RUE DE SEINE, 40

PRÉFACE

On trouvera dans ce volume le texte intégral de deux brochures sur la guerre publiées par le grand écrivain anglais H.-G. Wells, depuis le début des hostilités.

La Guerre qui tuera la Guerre date des premiers temps du conflit, et contient tous les articles que H.-G. Wells écrivit dans différents journaux sur la seule question qui fût alors, et est encore, d'une actualité brûlante.

Aujourd'hui, certains de ces articles peuvent paraître quelque peu *out of date*, ainsi que dirait, lui-même, leur auteur. Il n'en reste pas moins que les événements ont, pour la plupart, réalisé les prévisions qu'ils contenaient et qu'en outre ils forment une contribution de grand intérêt à l'histoire de la formidable bataille européenne.

J'ai tenu aussi à conserver le chapitre *A bas les pattes!* dont le sujet, purement économique et personnel, semble n'intéresser que l'Angleterre. Les admirateurs français de Wells — ils sont nombreux — seront heureux de voir

que leur auteur favori sut, lorsque cela fut nécessaire, abandonner la fiction pour mettre sa
plume énergique au service de toutes les
causes justes.

La Paix du monde est de publication plus
récente. Cet essai fut édité en anglais, il y a
quelques semaines seulement, par le *Daily
Chronicle*, de Londres.

*
* *

La préface ci-après est la reproduction de
quelques pages des *Anticipations*, d'après la
traduction de MM. Henry-D. Davray et B. Kozakiewicz, publiée par *le Mercure de France*.

Je remercie, ici, ces excellents traducteurs
ainsi que M. Alfred Vallette, le directeur du
Mercure de France, de l'autorisation qu'ils ont
bien voulu m'accorder de reproduire ces pas-
sages.

H.-G. Wells me suggéra, lui-même, cette
idée de donner comme préface à ses deux ou-
vrages sur la guerre actuelle ces pages, écrites
il y a quinze ans, et « *dont* » — je cite ses
propres paroles — « *je n'ai nul besoin d'être
honteux, en ce moment* ».

G.-B.

Juillet 1915.

« ... *Les probabilités semblent donc être contre l'existence d'un grand pouvoir slave dans le monde, au commencement du XXI° siècle. A première vue, elles sont en faveur d'un pouvoir agressif pangermanique s'efforçant d'acquérir une position prépondérante à la fois sur l'Europe centrale et l'Asie occidentale, pour se tourner enfin vers l'anarchie slave vaincue. Il est indubitable qu'à part les États-Unis, peut-être, les Allemands possèdent à présent la classe moyenne la plus capable et la plus industrieuse du monde ; leur rapide progrès économique est dans une large mesure un triomphe d'intelligence, et leurs systèmes, politique, militaire et naval, sont encore dirigés avec une compétence et une largeur de vues sans rivales. Mais aujourd'hui les facultés actives de l'Allemand, en tant qu'Allemand, — les habitudes, les traditions victorieuses qu'il a accumulées depuis bientôt quarante ans — peuvent, finalement, n'être qu'un bienfait douteux pour l'Europe, ou même pour la postérité allemande. Les contours géographiques, les forces économiques, la direction que pren-*

*nent les inventions nouvelles et le dévelop-
pement social, font prévoir une unification
de toute l'Europe occidentale, mais elles
n'indiquent certainement pas sa germani-
sation. J'ai donné déjà les raisons qui me
portent à croire que non seulement la langue française conservera ses positions, mais
qu'elle prévaudra dans l'Europe occidentale, à l'encontre de l'Allemand. Certains
autres obstacles viendront gêner l'union
même de peuples indiscutablement germaniques.*

*« A mesure que les années passent, il est
un élément, dans l'activité actuelle de l'Allemagne, qui deviendra de plus en plus un
embarras. L'idéal germanique est profondément entremêlé avec la tradition impériale et avec les méthodes brutales de la
monarchie prussienne. Le développement
intellectuel des Allemands est, dans une
large mesure, limité par un fonctionnarisme
de cour. Pour bien des choses, cette cour
s'inspire encore des nobles traditions d'éducation et de discipline qui ont survécu aux
périodes d'adversité, et la prédominance
de la volonté impériale donne, sans doute,*

*à la politique et à l'activité allemandes une
unité de direction qui augmente singulièrement leur efficacité ; mais le prix est
lourd que doit finalement payer une nation
pour un gouvernement capable, bien plus
lourd que pour un monarque radieusement
stupide. La plupart des gens énergiques et
intelligents supportent mal autour d'eux
des capacités opposées aux leurs ; ils sont
enclins, dans l'ignorance de leur égoïsme,
à être jaloux, dogmatiques et agressifs. Il
n'y a actuellement, dans l'Empire germanique, aucune autre grande figure qui puisse
contrebalancer le personnage impérial, et
l'on ne voit pas comment d'autres grandes,
figures pourraient s'élever. Beaucoup d'es-
prits doués et transcendants ne parviennent
pas à s'épanouir, à se produire, sous cet
étouffement monarchique. L'activité impériale impose aux Allemands certaines res-
trictions limitatives qui doivent finalement
être préjudiciables à l'atmosphère intellec-
tuelle qui est la force même de l'Allemagne.
La discipline et l'éducation ont fait la
grandeur de l'Allemagne, elles sont des nécessités primordiales ; mais, pour l'avenir,*

le libre développement des hommes d'initiative et d'imagination est également une nécessité essentielle. L'Allemagne est-elle, dans la pleine mesure de ses forces, en train de produire des hommes de valeur? C'est là, somme toute, la question vitale; et peu importe de savoir si sa politique est imprudente ou sage, si les progrès commerciaux sont surfaits ou non... Ou bien l'Allemagne ne fait-elle que récolter ce qui fut semé en une précédente période?

« Elle n'est pas, à la vérité, dans une position beaucoup plus forte que celle de la France vers 1860, et son actuelle prépondérance est curieusement analogue à celle de l'Empire français vers cette époque. La mort peut, à tout moment, terminer la carrière du présent souverain allemand — il n'y a pour une existence unique aucune assurance certaine d'éternité. Cette disparition laisserait l'Allemagne entièrement organisée pour tout ce qui se rapporte à une cour, mais il n'existe aucune garantie digne de confiance quant au caractère et aux opinions de la personnalité royale subséquente. Dans le passé de l'Allemagne —

passé *infiniment plus libéral — bien des choses furent accomplies par l'intermédiaire du précepteur, du chambellan, du chancelier, par de puissants personnages qui voyaient plus loin que le trône et qui, avec désintéressement, poussaient le monarque dans la voie qu'il devait suivre. — Cela d'ailleurs ressemblait fort au procédé de celui qui voudrait écrire une lettre en tenant indolemment la plume avec des pincettes. — Si ces circonstances se reproduisent un jour, la nouvelle classe d'hommes, dont peut dépendre l'avenir, sera-t-elle prête à assumer les plus graves responsabilités, ou bien l'élite de ses membres sera-t-elle sous les verrous sous prétexte de lèse-majesté, ou naturalisée anglaise ou américaine, ou incorporée à contre-cœur sous l'autorité d'officiers de naissance indiscutablement aristocratique, ou enfin, ayant repris le joug sera-t-elle « retournée à la terre » sous les auspices d'une ligue agrarienne ?...*

« Sous un autre rapport, l'organisation intensivement monarchique et aristocratique de l'Empire allemand sera un obstacle à la synthèse politique des peuples germa-

niques. De petits peuples avantageusement situés, et saturés d'idées de liberté individuelle, telle que la Hollande et la Suisse sont des facteurs indispensables dans cette synthèse. On s'imagine, au besoin, un Suisse allemand acceptant d'être incorporé à un grand État pangermanique républicain — mais ployer le genou devant le Dieu des Pères de Sa Majesté Impériale devient pour un homme qui a le respect de lui-même, un exploit singulièrement plus difficile.

« En outre, avant que l'Allemagne puisse s'unifier jusqu'à l'Est, il lui faudra combattre la Russie ; et avant qu'elle s'unifie à l'Ouest, il lui faudra combattre la France, peut-être aussi l'Angleterre, ou même ces deux Puissances alliées. Je suis persuadé qu'on déprécie infiniment trop la force militaire de la France et, à ce sujet, il faut lire Jean de Bloch. Indiscutablement, les Français ont été vaincus en 1870 ; indiscutablement, ils ont échoué dans leurs longs efforts pour conserver sur mer un pouvoir égal à celui de l'Angleterre, mais ni l'un ni l'autre de ces arguments ne porte atteinte à l'avenir de la France. Les désastres de

1870 furent probablement un inappréciable bienfait pour l'imagination française trop ardente et trop confiante. Ils débarrassèrent l'esprit français de cette illusion, qu'un Impérialisme personnifié est le seul moyen d'accomplir de grands desseins, — une illusion que chérissent nombre d'Allemands, et, semble-t-il, quelques Anglais fantasques, et même des Américains plus fantasques encore. Les Français ont fait beaucoup pour démontrer la possibilité d'une république militaire stable. Ils se sont affranchis du fardeau d'une couronne et d'une cour et, pendant plus de trente ans, ils ont maintenu le bon ordre ; ils ont dissocié leur vie nationale de toute forme de foi religieuse ; ils sont arrivés à une liberté de penser et d'écrire qui, malgré tout ce qu'on peut dire pour prouver le contraire, est absolument impossible chez les peuples de langue anglaise. Aucune raison ne permet de douter de l'affirmation de Jean de Bloch qu'aujourd'hui, sur terre, les Français sont relativement beaucoup plus forts qu'ils ne l'étaient en 1870, que l'évolution des armements militaires a toute été en faveur de l'intelligence et du caractère français, et qu'une guerre entre la France et l'Allemagne seule pourrait aujourd'hui avoir une issue très différente. Si un semblable conflit se produisait, c'est l'Allemagne et non la France qui s'apercevrait qu'elle a trop engagé ses forces sur les mers, dans le but de rivaliser avec les peuples de langue anglaise. D'ailleurs, la France ne combattrait pas seule. Elle lutterait pour obtenir la Suisse ou le Luxembourg ou les bouches du Rhin ; elle lutterait avec la gravité de ses souvenirs humiliants, et elle pourrait compter sur l'aide de tous les peuples slaves tombant sur le dos de son adversaire, et très probablement aussi sur l'aide des peuples de langue anglaise.

« L'Empire allemand paraît singulièrement enclin à recommencer, sur une plus vaste échelle l'histoire de la Hollande. Tandis que les Hollandais déversaient toute leur force sur les mers, dans un conflit qui, en réalité, ne leur assurait qu'une suprématie commerciale, ils laissèrent passer à tout jamais hors de leur portée la possibilité de constituer une grande synthèse de la Basse-

Allemagne, qui à cette époque s'étendait
jusqu'à Arras et Douai. Ils forcèrent positivement les Anglais à prendre rang au nombre de leurs ennemis. Et aujourd'hui les
Allemands envahissent les mers avec des
intentions menaçantes qui provoqueront
certainement, comme contrepoids, la création d'une marine américaine, une modification fondamentale de la politique britannique, et très vraisemblablement la
réalisation de la synthèse des peuples de
langue anglaise.

« Il est peu probable que, gênée par toutes
ces entraves, la synthèse germanique finisse
par prévaloir dans l'étroite unité économique, dans la région urbaine qui se for-
mera sur la partie occidentale de l'Europe.
L'empire allemand, — c'est-à-dire l'expression organisée de l'esprit agressif allemand
— sera abattu ou affaibli au point d'être
contraint, à la suite d'une série de guerres
sur terre et sur mer, d'accorder certaines
concessions importantes; il sera forcé, au
cours de ces luttes, de laisser se développer
l'autonomie de sa classe moyenne intelli-
gente et, finalement, ce ne seront pas les

idées impériales et germaniques, mais les idées d'unification européenne, semblables aux principes fondamentaux de la Suisse — un républicanisme civilisé trouvant pour moyen d'expression la langue française, — qui s'établiront sur une base bilingue, d'un bout à l'autre de l'Europe occidentale, et qui prédomineront de plus en plus, vers la fin du vingtième siècle, sur le continent européen et le bassin de la Méditerranée (1). »

(1) H.-G. WELLS, *Anticipations* (trad. H.-D. Davray et B. Kozakiewicz), *Mercure de France*, édit. Paris.

LA GUERRE QUI TUERA LA GUERRE

I

POURQUOI L'ANGLETERRE EST PARTIE EN GUERRE

La cause d'une guerre et le but d'une guerre ne sont pas nécessairement la même chose.

La cause qui nous attira dans le conflit fut l'invasion du Luxembourg et de la Belgique. Nous déclarâmes la guerre parce que nous étions contraints, par traité, à déclarer la guerre.

Nous nous sommes portés garants de respecter et de faire respecter l'intégrité de la Belgique depuis que le royaume de Belgique existe.

Si les Allemands n'avaient pas manqué à la parole, qu'ils partageaient avec nous, de respecter la neutralité des petits États nous ne serions certainement pas à nous battre en ce moment.

La frontière française de l'Est, frontière fortifiée, aurait pu tenir contre toute attaque sans le moindre secours de notre part. Nous n'avions envers la France aucune obligation stricte de ce côté.

Nous nous étions engagés avec nos voisins simplement à les protéger contre une attaque par mer, mais les Allemands nous avaient déjà donné l'assurance de ne pas tenter une attaque de ce genre.

Ce fut donc seulement notre engagement envers la Belgique et la violation soudaine du Luxembourg qui nous précipita dans le conflit.

Aucune puissance au monde n'aurait plus respecté notre drapeau ou ajouté

foi à notre parole nationale si nous
n'avions pas combattu.

Voilà, pour nous, la cause unique,
la cause tout à fait certaine de notre
intervention.

Mais nous arrivons maintenant au
but de notre initiative.

Nous entrâmes en ligne, avons-nous
dit, parce que notre honneur et notre
parole nous y obligeaient; mais aussitôt que nous fûmes engagés dans la
lutte, il nous fallut nous demander vers
quoi tendait notre action guerrière.

Nous ne pouvons nous contenter de
repousser les Allemands de l'autre côté
de la frontière belge et de leur dire de
ne pas recommencer.

Nous nous trouvons en guerre contre
ce formidable empire militariste avec
lequel nous avons fait tout notre possible pour rester en paix depuis le jour
où il se dressa sur les ruines des ambitions de la politique française, en 1871.

Et la guerre, celle-ci surtout, est un conflit mortel. Il nous faut maintenant ou détruire ou être détruit.

Ce n'est pas nous qui avons cherché ce règlement de comptes, mais maintenant qu'on nous l'a imposé c'est pour nous un devoir impérieux de veiller à ce que ce soit un règlement définitif.

Voilà une guerre qui touche tous les hommes et tous les foyers de tous les pays combattants. C'est une guerre, ainsi que l'a dit M. Sidney Low, non pas de soldats, mais de peuples. C'est une guerre qui doit être menée jusqu'à ce que tous les hommes de chacune des nations intéressées comprennent ce qui est arrivé.

Il ne peut y avoir aucun arrangement diplomatique qui laisserait l'Impérialisme allemand libre d'expliquer à sa façon l'échec à lui imposé et de recommencer immédiatement de nouveaux préparatifs.

Il nous faut aller jusqu'à ce que nous

soyons absolument écrasés ou jusqu'à
ce que les Allemands, en tant que peuple, sachent bien qu'ils sont absolument battus.

Nous combattons l'Allemagne. Mais
nous combattons sans haine préconçue
contre le peuple allemand.

Nous n'avons l'intention de détruire
ni leur liberté, ni leur unité. Mais il
nous faut ruiner un système tout à fait
néfaste de gouvernement, ainsi que la
corruption mentale et matérielle qui
s'est emparée de l'imagination des Allemands et a pris possession de la vie
allemande.

Il nous faut écraser l'Impérialisme
prussien aussi complètement que l'Allemagne en 1871 écrasa l'Impérialisme
gâté de Napoléon III.

Et il nous faut aussi, de l'échec final
de cette victoire, apprendre à éviter un
triomphe vindicatif.

Cet Impérialisme prussien a été du-

rant quarante ans un ennui intolérable
sur terre. Depuis ses succès assez stu-
péfiants de 1870 le mal s'est accru et a
étendu son ombre sur toute l'Europe.

L'Allemagne a inquiété le monde entier en lui prêchant une propagande de
force impitoyable et de matérialisme
politique.

« Le sang et le fer », clamait-elle,
étaient le ciment de son unité. Et
presque aussi ouvertement les petits
hommes d'État et les professeurs mes-
quins et agressifs qui l'ont entraînée au
conflit actuel ont professé le cynisme et
le dédain le plus profond de tous les
buts, excepté les buts nationalement
égoïstes, comme si c'était une religion.

Le mal, tout comme le bien, peut être
transformé en hypocrisie. La brutalité
physique et morale est, à vrai dire, devenue une hypocrisie dans l'esprit allemand, et de l'Allemagne elle s'est éten-
due dans tout l'univers. Je souhaiterais
qu'il me fût possible de dire que la pen-

sée anglaise et américaine échappât entièrement à sa corruption.

Mais aujourd'hui, enfin, nous nous
affranchissons et nous agissons contre
cette orgueilleuse méchanceté pour en
débarrasser la terre.

Le monde entier en est fatigué. Et
Gott! — Gott si perpétuellement invoqué — Gott, réellement, doit en être
très fatigué aussi.

Jamais on ne vit guerre plus vaste.
Ce n'est pas une guerre des nations,
mais celle de l'humanité. C'est une
guerre qui exorcisera une folie mondiale et mettra fin à une époque.

Et remarquez comment cette hypocrisie de gâtisme public a eu son côté
secret.

L'homme, qui prêche le cynisme dans
ses propres transactions d'affaires, ferait
mieux d'avoir un détective et une caisse
enregistreuse pour ses employés; et c'est
la chose la plus naturelle au monde de
trouver que ce système, qui, extérieu

rement, est vil, est aussi, intérieure-
ment, perfide.

A côté du Kaiser se dresse la maison
Krupp, seconde tête à l'État; sur les
marches mêmes du trône se trouve le
trust de l'armement : cette scélératesse
organisée qui a, dans sa course infa-
tigable aux bénéfices, miné toute la
sécurité de la civilisation, acheté et dominé une presse, commandé une littérature nationale et corrompu des Universités.

Considérez ce qu'ont été les Allemands auparavant et ce que les Allemands peuvent être.

Voici une race qui a pour principal
défaut la docilité et une foi entière dans
les professeurs et les gouvernants. Pour
le reste, ainsi que tous ceux qui le connaissent intimement en témoignent,
c'est le plus aimable des peuples. Son
amabilité est naturelle; il aime le con-
fort et les enfants, il est musicien, ar-

tiste, intelligent. Sous bien des aspects, les maisons, les villes et les campagnes allemandes sont les plus civilisées du monde.

Mais ce peuple perdit un peu la tête après les victoires d'il y a quarante et cinquante ans, et c'est alors que commença une propagande de vanité nationale et d'ambition nationale.

Elle fut organisée par un homme d'État stupidement puissant ; elle fut encouragée par la folie sur le trône. Elle fut garantie contre une critique salutaire par une censure intolérante. Elle n'accorda jamais la moindre chance aux idées saines.

Une certaine sentimentalité patriotique ne se prêta que trop facilement à la suggestion du flatteur, et c'est ainsi que se développa ce monstrueux commerce d'armes.

Le patriotisme allemand devint un « intérêt », le plus grand des « intérêts ». Il développa une vaste propagande réclamière. Il subventionna des Ligues maritimes et des Ligues aériennes, menaçant le monde.

L'humanité, nous le vîmes trop tard, avait été coupable d'une incalculable folie en permettant à des particuliers de tirer des bénéfices des terribles préparatifs de la guerre. Mais le mal était commencé; l'imagination allemande fut captée et asservie.

A tous les autres pays européens qui prisaient leur intégrité, fut imposée la nécessité accablante d'armer et de recruter — et d'armer et de recruter toujours plus.

L'argent fut retiré à l'éducation, au progrès social, aux entreprises commerciales, à l'art, aux recherches scientifiques, et à toute sorte de bonheur. La vie fut militarisée et assombrie.

Si bien que la moisson de cette obscurité vient maintenant presque comme un soulagement, et c'est une satisfaction austère dans notre malheur de pouvoir enfin lever les yeux au-dessus du mugissement et de la tourmente des champs de bataille, vers la possibilité d'une paix organisée.

Car cette guerre est maintenant une guerre pour la paix.

Elle vise droit au désarmement. Elle vise à une entente qui mettra fin pour toujours à cet état de choses. Tout soldat qui combat contre l'Allemagne est de nos jours un croisé contre la guerre.

Cette guerre, la plus grande de toutes les guerres, n'est pas « une autre » guerre — c'est la dernière guerre !

L'Angleterre, la France, l'Italie, la Belgique, l'Espagne, et toutes les petites nations d'Europe sont sincèrement lasses des choses de la guerre; le Tzar a exprimé sa haine passionnée de la guerre; la plus grande partie de l'Asie n'est rien moins que guerrière ; les États-Unis n'ont aucune illusion au sujet de la guerre.

Et jamais guerre ne fut entreprise

avec une résolution aussi sévère. En Angleterre, en France, en Belgique, en Russie, il n'y a pas la moindre pensée de gloire ou de conquête.

Nous savons que nous avons à faire face à un carnage et à des misères sans précédent ; nous savons que ni d'un côté ni de l'autre il n'y aura de triomphes faciles ni de victoires éclatantes. Déjà, dans ce guerrier océan d'hommes, se faufile la famine en même temps qu'une hideuse boucherie, et bientôt viendra la maladie.

Pourrait-il en être autrement ?

Nous avons à traverser la plus effroyable époque, peut-être, que l'humanité ait jamais vue.

Mais nous, Anglais, avec nos Alliés, qui ni les uns ni les autres n'avons cherché cette catastrophe, nous lui faisons face avec colère et avec détermination plutôt qu'avec désespoir.

Il nous faut traverser cette guerre, traverser la douleur, traverser des misères de l'esprit pires que la douleur, traverser des mers de sang et de putréfaction.

A nous autres, Anglais, on n'a pas caché ces choses. Nous savons ce qu'est la guerre ; nous n'aurons point de désillusions. Nous avons lu des livres qui nous ont tout dit sur la puanteur des champs de bataille et la nature des blessures (des livres que l'Allemagne supprimait et cachait à son peuple) et nous faisons face à ces multiples horreurs pour y mettre fin.

Il n'y aura plus de Kaisers, il n'y aura plus de Krupps : nous y sommes décidés. Cette terrible et féroce hypocrisie finira !

Et non seulement les belligérants actuels devront prendre place dans l'accord, mais toute l'Amérique, l'Italie, la Chine, les puissances scandinaves devront avoir voix dans le rajustement final et poser leurs signatures au bas des garanties ultimes. Je ne veux pas dire qu'elles ont en ce moment besoin de faire le coup de feu. Mais, après, elles devront se joindre à nous.

Et, en particulier, nous attendons des États-Unis qu'ils jouent un rôle dans cette pacification du monde pour laquelle travaille notre nation, et pour laquelle, par milliers, des hommes donnent aujourd'hui leur vie.

II

L'ÉPÉE DE LA PAIX

L'Europe est en guerre !

La monstrueuse vanité qui fut engendrée par les victoires faciles de 70 et de 71 a jeté un défi au monde, et l'Allemagne se prépare à récolter la moisson que sema Bismarck : cette orgueilleuse folie militariste au cœur de l'Europe, qui a foulé tout aux pieds, arrêté la civilisation et assombri les espoirs de l'humanité pendant quarante ans.

L'impérialisme allemand, le militarisme allemand, a frappé son coup inévitable. La victoire de l'Allemagne signifierait la suprématie permanente du

Prince de la Guerre sur toutes les affaires humaines. La défaite de l'Allemagne peut ouvrir le chemin au désarmement et à la paix pour toute la terre.

Pour ceux qui aiment la paix, il ne peut y avoir d'autre espoir, dans le présent conflit, que le discrédit absolu de la légende allemande, la fin, pour tout de bon, de la superstition du sang et du fer, de Krupp, du chauvinisme teutonique et tapageur et de toute cette activité criminelle, honteuse qui a son centre à Berlin.

Jamais guerre ne fut plus juste que cette guerre contre l'Allemagne. Jamais dans le monde entier un État ne mérita autant son châtiment.

Mais qu'on se rappelle que la querelle de l'Europe est avec l'État allemand et non avec le peuple allemand ; avec un système et non avec une race. La vieille tradition de l'Allemagne est une tradition pacifique et civilisatrice. Le tempérament de la masse du peuple allemand est aimable, sensé et affable.

Le désastre de l'armée allemande, s'il n'est accompagné par un de ces fléaux mémorables tels que le démembrement ou l'indignité intolérable, signifiera la restauration du plus grand peuple d'Europe à la tête des nations.

Le rôle de l'Angleterre dans cette grande lutte est clair comme le jour.

Nous devons combattre. Ne serait-ce qu'à cause de l'outrage contre le Luxembourg, nous devons combattre. Si nous ne combattions pas, l'Angleterre cesserait d'être un pays dont on doit être fier ; ce serait un bain de boue auquel nous n'aurions pu échapper.

Mais nous combattons.

Et, ayant combattu, ce sera alors à nous, à l'heure de la victoire, d'épargner un traitement vindicatif aux Allemands libérés, et d'assurer à ce grand peuple, en tant qu'un État uni de langue allemande, la place au soleil à laquelle il a droit.

Pour ma part, je ne doute pas un instant que l'Allemagne et l'Autriche sont destinées à être vaincues dans cette guerre. Ce ne sera peut-être pas la défaite-catastrophe, bien que celle-ci soit possible, mais ce sera la défaite absolue. Il n'y a rien d'écrit dans les étoiles et tout augure est faux si ceci n'arrive pas.

Ils ont provoqué une combinaison écrasante d'ennemis. Ils ont mésestimé la France. Ils sont entravés par une mauvaise tradition sociale et militaire.

L'Allemand n'est pas, par nature, un bon soldat ; il a de l'ordre et il est obéissant, mais il n'est prompt ni d'esprit ni de corps ; depuis son seul fait militaire considérable, — sa marche assez rapide sur Paris en 1870 et 71 — les conditions de la guerre moderne ont presque été complètement transformées et dans un sens qui subordonne le combat de masses d'hommes dépourvus d'intelligence à l'initiative rapide de soldats individualisés.

Et, d'un autre côté, depuis ces années de désastre, le Français a appris la leçon de l'humilité ; il est prêt maintenant à une sombre lutte ; sa gravité est celle qui précède les victoires étonnantes. Dans les airs, en rase campagne, avec des canons et des machines, je ne crois pas qu'on réalise complètement sa supériorité en qualité sur l'Allemand.

Cette attaque soudaine pourra le surprendre pendant une semaine ou environ, et même j'en doute, mais finalement il se ressaisira ; même sans nous il se serait ressaisi, et avec nous je m'aventure jusqu'à prophétiser qu'avant peu ses trois couleurs flotteront sur le Rhin. Et même en supposant que sa ligne soit rompue par la première attaque, même alors je ne vois pas comment les Allemands pourront atteindre Paris ou les environs immédiats de Paris. Je ne vois pas comment, contre la force de la défensive moderne et le pouvoir harassant d'un ennemi intelligent battant en retraite, dont nous avons déjà eu un avant-goût dans l'Afrique du Sud, l'exploit de Sedan pourra se répéter.

Une armée allemande, battant en retraite, en outre, sera bien moins terrible qu'une armée française en retraite; parce qu'elle a moins de *furia*, parce qu'elle est composée d'hommes auxquels on a appris à obéir en masse, parce que son intelligence est concentrée dans ses officiers aristocratiques, parce qu'elle est découragée dès que ses rangs sont rompus.

L'armée allemande est tout ce que les « Conscriptionnistes » rêvaient de faire de notre peuple; elle est, en somme, une armée en retard d'environ vingt ans sur les besoins militaires contemporains.

A la frontière orientale, l'issue est plus douteuse à cause de l'incertitude dans laquelle sont plongées les affaires russes. La force militaire particulière de la Russie (une force qu'elle ne put déployer en Mandchourie), se trouve dans ses vastes ressources d'hommes à cheval. Une invasion méthodique de l'Allemagne peut être l'affaire de plusieurs mois, mais les possibilités d'un raid dans l'Allemagne orientale sont énormes (1).

Il est difficile de dire jusqu'à quel point la Russie fera des erreurs stratégiques, mais la Russie pourra vraiment « errer » très désastreusement avant qu'elle puisse être mise sur la défensive. Un raid russe est beaucoup plus susceptible de menacer Berlin qu'un raid allemand d'atteindre Paris.

En même temps, il y a la lutte sur mer. De ce côté, je suis prêt aux chocs les plus rudes.

Les Allemands ont consacré une somme d'énergie à la création d'une

(1) Je crois devoir faire remarquer que ce chapitre fut publié comme article dès les premiers jours des hostilités, c'est-à-dire avant que les Russes aient réalisé cette prévision de l'écrivain anglais en accomplissant leur incursion en Prusse orientale.

marine d'offensive qu'il eut bien mieux valu qu'ils consacrassent à consolider leur position européenne. C'est probablement une marine absolument parfaite, et, de navire à navire, l'égale de la nôtre. Mais le même manque d'initiative, la même lourdeur relative qui a laissé l'Allemand derrière le Français en matière d'aéronautique l'a fait, en dépit de ses mers peu profondes, rester loin derrière nous dans les affaires navales, et si nous nous sommes trompés, en exagérant l'importance du gros navire de guerre, l'Allemand nous a du moins très obligeamment suivis dans notre erreur.

L'endroit le plus sûr, le plus efficace pour la flotte allemande est en ce moment la mer Baltique. De ce côté-ci du canal de Kiel, dans la mer du Nord, à moins que je n'exagère les pouvoirs de l'hydroplane, il n'y a point de port sûr pour elle.

Si elle s'attache à un port quelconque,

ce port peut être ruiné et les navires
bloqués peuvent être détruits à loisir
par des bombes aériennes. S'ils sont de
ce côté-ci du canal de Kiel, ils doivent
donc garder la mer et se battre, — si
nous les laissons, — avant que le charbon
ne leur fasse défaut. Le combat en pleine
mer dans ce cas est leur seule chance.

Ils combattront, ayant les chances
contre eux et la perspective d'une défaite, bien qu'il nous faudra certainement payer cette victoire en navires et
en hommes.

Dans la Baltique, nous ne pourrons
les atteindre sans la participation du
Danemark, et ils peuvent avoir un effet
considérable contre la Russie. Mais, à la
fin, même là, les mines, les aéroplanes et
les torpilleurs accompliront leur tâche.

Je proclame donc que l'Allemagne
sera cernée à l'est et à l'ouest et qu'elle
verra sa flotte, pour ainsi dire, détruite.
Nous devons aussi pouvoir balayer ses
navires de commerce sur les mers et

abaisser à jamais son drapeau en Afrique, en Asie et dans le Pacifique.

Toutes les probabilités, il me semble, sont dans ce sens. Il n'y a pas de raison pour que l'Italie ne maintienne pas sa présente neutralité, et il y a de grandes chances pour que le Danemark et le Japon entrent en ligne dès qu'ils seront convaincus de l'échec de la première grosse attaque de la part de l'Allemagne. Toutes ces choses seront plus ou moins définitivement décidées d'ici deux ou trois mois. A cette époque, je crois que l'Impérialisme allemand sera ébranlé, et il pourra être possible d'entrevoir la fin de la période des armements dans l'histoire de l'Europe.

La France, l'Italie, l'Angleterre et toutes les petites puissances de l'Europe sont maintenant des pays pacifiques ; la Russie, après cette grande guerre, sera trop épuisée pour tenter d'autres aventures ; une Allemagne ébranlée sera une Allemagne révolutionnaire, aussi dégoûtée des uniformes et de l'idée impérialiste que la France l'était en 1871, aussi désillusionnée sur la supériorité que la Bulgarie l'est aujourd'hui.

Le chemin sera enfin ouvert à toutes les Puissances occidentales pour organiser la Paix.

C'est pourquoi, avec ma haine déclarée des horreurs de la guerre, je n'ai signé aucun de ces appels pour arrêter la guerre qui ont été publiés au début. Toute épée tirée contre l'Allemagne est maintenant une épée tirée pour la paix !

III

A BAS LES PATTES !

Ceci est un article blessé à la guerre, un article convalescent.

C'est une caractéristique de la joyeuse chevalerie de notre époque qu'après avoir été laissé pour mort samedi soir cet article puisse, avec un léger bandage seulement, reprendre sa place sur la ligne de feu le jeudi matin.

Il fut d'abord écrit vendredi soir, tard ; il fut écrit dans un état d'esprit d'honnête énervement, et ce fut un article des moins effectifs. Je ne pus dormir de la nuit à cause de son impuissance et précisément parce que je dési-

rais très vivement frapper dur et obtenir un résultat. Je sortis vers deux
heures du matin et le recommençai, le
lendemain.

Je le récrivis en entier tout à fait dif-
féremment, avec plus de soin, et mieux,
je crois.

Dans l'après-midi il fut atteint par la
découverte que je fis que M. Runciman
avait devancé son idée essentielle. Il
avait proposé une loi, que la Chambre
des Communes avait votée, qui donnait
au Ministère du Commerce le pouvoir
de réquisitionner et de distribuer les
aliments nécessaires ou mis en réserve.
C'était exactement ce que je demandais
dans mon article. Mon article, près de
mourir, rendait hommage à la promptitude et à l'esprit de décision de notre
Gouvernement...

Je m'aperçus, par la suite, qu'il y
avait toujours de nombreuses choses à
dire au sujet de cette réquisition des

aliments. Le Ministère du Commerce a
le pouvoir, mais apparemment, ce pouvoir a encore à être exercé. Il est des
plus désirables qu'il y ait une forte
opinion publique supportant et surveil-
lant l'exercice de ces pouvoirs et qu'ils
soient appliqués immédiatement à l'endroit qu'il faut. Les pouvoirs dont
M. Runciman a si rapidement pourvu
le Ministère du Commerce doivent être
mis en exercice; il faut qu'il y ait un
développement aussi rapide de comités
locaux et d'ordres nécessaires afin d'exécuter son idée.

Les accaparements continuent. Ils ne
sont pas terminés. Au peuple, qui envoie
ses fils si bravement et sans se plaindre
sur le front, on doit épargner de suite
l'intolérable misère qu'une certaine section des classes riches, une petite section — mais activement néfaste — leur
cause. C'est un droit ; ce n'est pas une
demande de charité. Il est ridicule de
traiter le problème d'une autre façon.

Jusqu'ici l'Anglais pauvre a fait preuve dans cette crise d'une patience exemplaire et surprenante, d'une humilité et d'un courage qui ne peuvent que nous rendre plus fiers d'être, nous aussi, Anglais. A part la pénurie complète d'emplois en ce moment, il apparaît clairement à quiconque a étudié la présente hausse des prix et qui connaît quelque chose des budgets familiaux du pauvre, que les rangs ouvriers de notre population ne peuvent pas obtenir assez à manger. Ils souffrent d'une privation inutile et ils souffrent aussi d'une vexation inutile.

Et il n'y a pas le moindre doute pourquoi ils souffrent ainsi. C'est parce que la section prétentieuse des classes riches, cette section qui s'est toujours opposée aux réformes sociales, la plus gavée et la moins animée de l'esprit populaire de toutes les couches de la société, fait main basse sur la nourriture ; elle a donné naissance à une panique peu glorieuse ; elle a rompu les rangs pour se précipiter sur les magasins et a fait la seule exception regrettable au spectacle splendide de notre solidarité nationale.

Tandis que l'attention de toute la population décente anglaise était concentrée sur les préparatifs de notre coup suprême porté à la prédominance prussienne en Europe, la gent riche s'est ruée sur les boutiques, achetant la nourriture du peuple et l'emportant dans la voiture de maître (adornée, naturellement, d'un petit drapeau national); le père a abandonné ses affaires pour un jour, la mère a aidé, même ces gandins tirés à quatre épingles — les fils — ont condescendu à donner un coup de main, et maintenant la gent riche, se sentant un peu plus en sûreté, est toute prête, n'attendant plus que la cloche du dîner (son instrument de musique caractéristique), pour se réjouir des victoires qu'elle aura tout fait pour gâter.

Et la gent parvenue, la gent heureuse,

devenue millionnaire, la gent qui peut acheter un titre de noblesse et vous signer un chèque de milliers de livres pour une souscription mondaine, est restée fidèle à ses origines. Lord Maffick, rivalisant M. et Mme Maffick, a rasé tout le blé de son district; que l'histoire s'en souvienne. Lord Maffick explique maintenant qu'il l'acheta pour le distribuer à ses voisins pauvres — c'est ce qui va être l'excuse générale de ces gens-là — mais cette façon d'acheter est tout aussi mauvaise pour les prix que s'il avait acheté pour l'intérieur personnel de lord Maffick. Plus tôt cette farine sortira des maisons de lord Maffick, d'Horatio Maffick Esquire, du jeune M. Maffick et du reste de toute cette famille, mieux ça vaudra pour eux et pour le pays. Le plus grand danger de l'Angleterre, à l'époque actuelle, n'est ni l'armée allemande ni la flotte allemande, mais cette section moralement vile de notre société.

Mais il est inutile de gourmander ces gens. Il est inutile de faire appel à leur honneur et à leur patriotisme. L'honneur, ils n'en ont pas, et leur idée de patriotisme c'est d' « imposer l'étranger », d'agiter des drapeaux et de réclamer à cor et à cris l'application en Angleterre du service universel obligatoire qui mène directement à ces massacres en foule et inutiles de soldats dont on peut être témoin sur le front de guerre allemand.

L'exhortation peut être entendue par quatre-vingt-dix-neuf personnes, mais sur les cent il s'en trouvera toujours une qui gâtera tout.

Ce qu'il faut faire maintenant, c'est se mettre de suite au travail dans toutes les localités, réquisitionnant toutes les réserves privées excessives de nourriture ou d'or — on pourra les rendre après la guerre — et non seulement les réserves des accapareurs privés, mais aussi les réserves des marchands en gros : ces spéculateurs qui augmentent leurs prix aux détaillants. De cette façon seulement les opérations de cette intolérable petite minorité seront complètement arrêtées. Dans tous les Conseils de comtés, des Comités de nourriture devraient être formés aussitôt pour établir un rapport sur les besoins de la masse générale et mener des enquêtes au sujet de l'accaparement ainsi que de la saisie et de la distribution des produits accaparés.

Ceci est un travail utile réclamant les méthodes les plus vigilantes et les plus publiques. La distribution de la nourriture, en Angleterre, est en partie entre les mains des grands systèmes de boutiques syndiquées et encore, en partie, entre les mains de petits commerçants locaux. Il est absolument nécessaire que la lumière la plus vive illumine les opérations des petits comme des gros commerçants en approvisionnements.

Les grandes firmes sont sous le contrôle d'hommes dont les succès commerciaux ont en de nombreuses instances reçu la marque d'une faveur et d'une confiance signalées de la part de nos gouvernants. Lord Davenport, par exemple, est pair; sir Thomas Lipton est baronnet; ils ne doivent pas être considérés comme de simples commerçants particuliers, mais comme des hommes honorés par cette association avec la hiérarchie de notre vie nationale, à cause de leur rôle distingué dans le service civil de l'alimentation. Ce sera les aider dans leurs devoirs quasi publics de leur donner l'assistance de notre attention.

Consacrent-ils leurs énormes avantages économiques à conserver les prix à un taux raisonnable, ou ces divers systèmes de magasins d'approvisionnement syndiqués ne cherchent-ils, eux aussi, qu'à s'élever contre le consommateur? Avec une action concertée de la part de ces magasins, le contrôle le plus parfait des prix est possible partout, excepté dans le cas de quelques villages trop éloignés. Ceci a-t-il lieu ? Personne ne désire voir les noms de lord Davenport, de sir Thomas Lipton ou des autres richards associés avec eux dans le commerce de l'alimentation s'étaler en ce moment majestueusement sur les listes des souscriptions royales; leur œuvre est plus à leur portée.

Ce que nous voulons tous, c'est sentir qu'ils consacrent leurs plus grandes ressources au service de l'alimentation publique dont ils constituent une partie si importante. Permettez-moi de dire tout de suite que j'ai mille raisons de croire qu'ils le font et qu'ils sont à la hauteur des responsabilités de leur position. Mais nous devons garder la lumière sur eux et sur leurs collègues marchands moins honorés et moins en évidence.

Ils jouent un rôle aussi important et aussi vital — à vrai dire, ils sont appe-

lés à jouer un rôle aussi brave et aussi
plein de sacrifices — que n'importe
quel général sur le front. S'ils nous
manquent ce sera pire que la perte de
plusieurs milliers d'hommes dans une
bataille. Surveillons-les, et je crois que
nous les surveillerons avec admiration.
Mais surveillons-les. Ayons connais-
sance de leurs mouvements, deman-
dons-leur de nous rassurer, enregis-
trons soigneusement leurs visites au
Ministère du Commerce.

Je n'ai pas l'intention de m'étendre
longuement sur les héroïsmes possibles
du commerce d'approvisionnement en
gros. Je ne note qu'au passage la possibilité de lord Davenport, ou de sir Thomas Lipton, se trouvantforcés, après
la guerre, d'habiter, financièrement
ruinés, mais glorieux, un petit cottage.

« Nous rendîmes au peuple à l'heure
du besoin ce que nous tirâmes de lui
à l'heure de l'abondance », diraient-ils.
« Nous avons souffert afin que des mil-

liers d'êtres ne souffrent pas. Ce n'est rien. Songeons aux petits gars qui moururent en Belgique. »

D'après tout le monde, le petit commerçant local se conduit extrêmement bien. Dans la ville même à Dunmow, je connais deux petits commerçants qui ont osé contrarier des clients importants, plutôt que d'exécuter des commandes de paniques. Ils méritent la croix. Dans de pauvres districts, nombreux sont les hommes de ce genre qui font crédit, accommodants avec tout le monde, prolongeant les délais, et, dans ce temps, courant des risques énormes. Tous les héros ne sont pas sur le champ de bataille, et une partie des héros de cette guerre combattent noblement pour notre pays derrière leurs comptoirs d'épiciers et dans les boutiques générales des villages, risquant non point la mort dans les tranchées, mais la faillite. A vrai dire, il en en est déjà un grand nombre qui la frôle de près.

Les marchands en gros les ont trahis, je le sais, dans beaucoup de cas, non pas simplement en élevant les prix, mais en arrêtant soudain les crédits ordinaires, et ces dernières semaines ont vu se dérouler d'effroyables nuits d'insomnie et d'inquiétude dans les petites chambres au-dessus du magasin isolé.

Tout en regardant les boutiques syndiquées accomplir leur devoir, il est de la plus haute importance aussi que nous ne permettions pas le massacre des petits commerçants.

Une catastrophe pour le petit commerçant ne jettera pas seulement une multitude de vies brisées sur les ressources publiques, mais créera encore un vide dans les rapports économiques et ménagers des petites villes et des villages. C'est pourquoi je propose que les stocks réquisitionnés chez les accapareurs — il doit y en avoir déjà une grande quantité entre les mains des autorités — soient vendus d'abord au prix de gros à des commerçants isolés et non pas directement au public. Dans le cas seulement d'un manquement local, dûment constaté au devoir, l'opération directe aura lieu.

On doit se rappeler que toute la crise actuelle de l'alimentation est une crise artificielle due à l'égoïsme indécent de gens riches à l'esprit vulgaire et aux vils calculs de marchands tout à fait exceptionnels. Mais dans les conditions étranges, difficiles et dénuées de plan d'aujourd'hui, quelques jours seulement suffisent pour commencer un mouvement et produire une pression presque irrésistible. La majorité des gens qui ont accaparé et accumulé l'ont probablement fait très involontairement, parce que « les autres le feront ». Ils seront heureux d'une action gouvernementale qui leur permettra de rendre, sans la crainte que quelqu'un d'autre ne se jette instantanément sur ce qu'ils ont rendu et en profite.

C'est pour cette raison que nous devons aussitôt organiser le réquisitionnement des produits accaparés et gardés en réserve. La menace toute seule produira sans doute déjà un grand relâchement dans la situation, mais la menace devra être mise à exécution jusqu'au point que tout soit prêt aussitôt que possible pour saisir, vendre et distribuer. Tant que cela ne sera pas fait, cette crise de l'alimentation diminuera peut-être, mais ne cessera pas. Si nous ne donnons pas suite, avec une certaine et sévère promptitude, à l'initiative prise par M. Runciman, la question de l'alimentation sera une fièvre intermittente dans le corps politique jusqu'à la fin de la guerre.

Et l'affaire ne sera pas terminée à la fin de la guerre. La patience du peuple a été étonnante. Dans d'innombrables foyers il a dû y avoir des soucis et la misère les plus extrêmes. Mais à part quelques révoltes, telles que le bris

des vitrines de M. Moss, à Hitchin (qui
n'était probablement pas peu à blâmer),
une attaque contre une boulangerie
quelque part, et la façon d'agir — qui
n'eut d'ailleurs rien de méchant, sous la
forme de menaces et de manifestations,
— des Juifs de l'East End, il n'y a pas
eu de désordre. C'est parce que le
peuple est tout rempli encore de la première solennité de la guerre, anxieu-
sement confiant, et — malgré tout —
bien nourri.

A la fin, à moins que les gens riches
ne se ressaisissent sérieusement, ce ne
sera plus comme cela.

IV

A PROPOS DE M. MAXIMILIEN GRAFT

Moi aussi je me trouve enthousiasmé pour cette guerre contre le militarisme prussien. Nous assistons, je crois, à la fin d'une vaste et intolérable oppression qui pesait sur la civilisation. Nous combattons pour libérer l'Allemagne et le monde entier de cette superstition qui nous donnait à entendre que la brutalité et le cynisme sont des méthodes de succès, que l'Impérialisme est préférable à la Liberté et que les conscrits font de meilleurs soldats que les hommes libres.

Et je pense à un autre écrivain qui est, suivant ses déclarations, patrioti-

quement anglais. A la vérité, il porte le
pavillon anglais à des extrémités où ma
modestie naturelle se refuse d'aller.
Parce que, voyez-vous, je suis un Anglais mâtiné d'Irlandais et, hors la croix
de Saint-André, ce drapeau est tout à
fait le mien.

Le faire flotter à tout propos, c'est, à
mon sentiment, une présomption vulgaire. Cet écrivain n'est, cependant, pas
Anglais. Il porte une variété de noms,
et quelques-uns sont de beaux vieux
noms anglais. Mais son nom favori est
Craft, Maximilien Craft, et je crois savoir qu'à sa naissance il se nommait
Kraft.

Il se mêle aux affaires de ce pays avec
une énergie extraordinaire; il prend possession de mon drapeau comme si saint
Georges était son père. En ce moment
il s'emploie activement à m'apprendre
comment conduire cette guerre et à me
dire exactement ce que je dois en penser.
Il est, en somme, l'équivalent anglais

de ces professeurs de *Welt Politik* qui
ont amené l'esprit allemand à son développement actuel de politique finassière
et triomphante. Je lui suppose une pa-
renté éloignée avec le professeur Delbrück. Et il appelle notre attention
maintenant sur un *coup* magnifique,
dont je m'occuperai plus loin.

Physiquement, Kraft est loin d'être
lui-même complètement anglicisé. C'est
une créature au visage large, aux traits
énormes, à la tête laineuse; il est lour-
daud et quelque peu bossu; il grasseye
légèrement et ses manières sont ou
insolemment dédaigneuses ou fonciè-
rement agressives.

Il considère que tous les Anglais de
naissance, pour les distinguer des Anglais naturalisés, sont aussi fous de
naissance. Ses manières sont toujours
pénétrées d'une faible saveur d'étonne-
ment devant la folie de naissance des
Anglais de naissance. Mais il considère
leur Empire comme un accident mer-

veilleux, une opportunité splendide —
pour les gens plus habiles.

Ainsi donc, avec une sorte d'énergie
désintéressée, il a fait de son mieux
pour diriger l'éducation des Anglais
vers leurs opportunités impériales, leur
montrer comment transformer le hasard
en habileté, prendre la place des autres,
et fanfaronner à la tête du monde. Il ne
peut pas comprendre comment le sang
anglais ne s'échauffe pas devant de
telles ambitions.

Quand il est riche, il est dans sa nature de le faire voir par ses chaînes de
montre, ses épingles de cravate et ses
bagues. S'il avait une femme elle scin-
tillerait sous les diamants. Son appar-
tement est meublé de toutes les pièces
anglaises les plus rares et d'une valeur
incalculable, et il pense sincèrement
que, seuls les sots et les faibles d'esprit
ne font pas attention à ces choses. Il est
venu en Angleterre pour nous instruire
dans les arts de l'Empire, quand il es-

tima qu'il y avait une surabondance de son espèce de sagesse dans les universités allemandes.

Pendant de longues années, jusqu'à la présente catastrophe, j'ai suivi sa carrière avec un intérêt silencieux plutôt qu'avec affection. La première chose qu'il entreprit de nous apprendre était, je m'en souviens, la « Réforme du tarif », la « Taxe sur les produits étrangers ». Vous faites une fortune sans limites et vous ne payez rien. Vous obtenez d'immenses ressources nationales sur les marchandises importées et comme votre tarif est prohibitif, vous développez à l'intérieur un commerce considérable. Il visait ainsi deux oiseaux (en dés directions tout à fait opposées) avec la même pierre. Ça lui paraissait tout uniment du bon sens. En tout cas, il était certain que c'était bien suffisant pour les Anglais de naissance...

Il ne croit pas encore complètement à notre refus de cette charmante idée.

D'autant plus que des hommes de son génie ont dominé entièrement l'intelligence plus docile des Allemands. Ils ont prêté l'oreille au chuchotement de la Welt Politik, ou du moins leurs dirigeants l'on fait; ils ont semé l'exaspération sur toutes leurs frontières, prenant la place des autres et accomplissant manifestement des actes agressifs et qui réussissaient. C'étaient là les élèves qu'il eût dû enseigner. Un peuple à la fois docile et fougueux.

Presque en pleurant, Kraft nous demanda de marquer ce mouvement magnifique d'un peuple jadis aimable, civilisé et philosophique. Et c'est vrai, nous avons dû le marquer en polissant nos armes, et peu à peu, avec un profond ressentiment, nous avons dû nous munir de plus en plus d'armes et tenir notre poudre sèche quand nous aurions de beaucoup préféré nous occuper d'autres choses.

Mais c'est assez surprenant que nous

n'ayons pas prêté l'oreille à sa suggestion du service militaire universel.
Kraft et les gens de son espèce croient
au nombre. Même la guerre du Transvaal ne put secouer son aptitude naturelle pour l'arithmétique politique. Il
essaya de nous révéler notre situation
par des diagrammes nous montrant
d'énormes chiffres, des colosses figurant
les forces allemandes, et de pauvres
petits bonshommes représentant les
forces anglaises — plus petits en vérité,
que les chiffres représentant les armées
serbes ou bulgares. Il ne comprend pas
qu'il peut y avoir trop de soldats sur un
champ de bataille ; il croirait tout aussi
vite qu'on peut avoir de l'argent de
trop. Et ainsi il pense que les armées
russes *doivent* être plus puissantes que
les armées françaises. Quand je dénie
cette supériorité, comme je le fais, il
note simplement le fait que je ne sais
absolument pas compter.

Et quand il aborde des plans de

guerre, une sorte de délire d'artificier s'empare de Kraft. Il est plein de projets, tels que nous, pauvres imbéciles, ne pouvons en inventer : attaques soudaines sans déclaration de guerre, vastes plans d'espionnage et déguisements d'apaches, terrifier un pays par le fusillement en gros des non-combattants, infractions de neutralité, tricheries nationales, télégrammes retouchés, lettres forgées, mensonges diplomatiques, bref, une organisation mondiale et parfaite de sur-serpents.

Notre pauvre cousin Michel, l'Allemand, n'a que trop prêté l'oreille à une telle sagesse. Ce pauvre Michel, avec ses yeux bleus étonnés et honnêtes, a essayé de son mieux d'être un vrai diable et d'aller là où le cousin de Kraft, Bernhardi, l' « expert » militaire, l'a conduit. (Jusqu'ici cela l'a conduit dans les tranchées de Belgique et les défilés des Ardennes, où foisonnent la faim, la boue et le sang.)

Et Kraft jetait d'ici un coup d'œil d'envie vers Berlin, dont les rodomontades le faisaient apparaître comme le sur-homme de la Welt Politik. Il nous a priés et suppliés d'agir de même, de frapper soudainement la flotte allemande avant que la guerre soit déclarée, de violer la neutralité du Danemark, de nous emparer de la Hollande, de commettre des malhonnêtetés et des malpropretés nationales. Il enrageait quotidiennement de voir nos méthodes mitigées. Souvent nous lui avons paru plus comme un ramassis de Woodrow Wilsons que comme des gens d'esprit sain.

Et il n'en est pas encore revenu.

Il y a quelques jours seulement, je pris le journal qui m'a enfin suggéré les déclarations très nettes de cet article. C'était un journal quotidien anglais, et Kraft nous y disait comme à l'habitude, avec son habituel sens désespéré de notre stupidité, comment il fallait conduire cette guerre.

Et ce qu'il disait était ceci : qu'il
fallait affamer l'Allemagne — sans penser que, avec ses chemins de fer bloqués et ses moissons dévastées, l'Allemagne aurait vite fait de s'affamer
elle-même — et que, si nous n'y pre-
nions pas garde, l'Allemagne s'approvi-
sionnerait par la Hollande et l'Italie. Il
nous demandait donc de commencer
immédiatement un blocus hostile de la
Hollande et de l'Italie, ou mieux, peut-
être, d'envoyer à chacun de ces pays
innocents et amis un ultimatum. Il
voulait que ce fut fait immédiatement
car autrement les Kraft de Berlin,
quelques Delbrück ou Bernhardi, ou
quelque notable jeune homme d'État
comme le kronprinz pouvaient persuader les Prussiens de prendre les devants
et d'envoyer les premiers un ultimatum.
Ensuite nous n'aurions plus eu aucune
chance de faire quelque chose d'inter-
nationalement idiot, si ce n'est, peut-
être, la saisie d'un port en Norvège. A

la réflexion, pensait-il, ce pouvait être plutôt une bonne affaire que de prendre un port en Norvège.

Maintenant, Anglais, faisons comprendre une fois pour toutes à tous les Kraft et toutes ces espèces de patriotes, venus de l'étranger et qui prétendent nous indiquer les moyens élégants de faire des choses que nous ne devons pas faire, que ce n'est pas là notre façon d'agir. Nous sommes entrés dans cette guerre les mains propres, pour mettre fin à jamais au règne de l'internationalisme brutal et artificieux. Nos cœurs sont gros devant la tâche qu'il faut accomplir, mais notre résolution est inébranlable. Nous voulons vaincre. Nous sommes préparés à tous les désastres, aux détresses intolérables, à la faillite, à la famine, à tout, sauf à la défaite.

Maintenant que nous avons commencé à nous battre, nous nous battrons s'il est besoin, jusqu'à ce que les enfants meurent de faim dans nos maisons. Nous

nous battrions même si tous nos vaisseaux étaient au fond de la mer. Nous voulons conduire cette guerre à sa fin extrême, et cette fin, nous sommes absolument résolus à ce qu'elle soit la fin du kraftisme dans le monde. Nous sortirons de cette guerre avec les mains aussi nettes que maintenant, non polluées par de sales embûches sur le champ de bataille ou dans les salles de conseil, en respectant les traités et les neutralités. Alors nous réglerons définitivement le compte du kraftisme, de ses amis et de ses défenseurs, de tous les marchands d'armements, de tous les monstres, de toutes les brutes stupides qui ont attiré sur le monde cette vaste catastrophe.

Je dis ceci aujourd'hui clairement, en mon nom et au nom de milliers d'hommes silencieux, parce que le plus tôt Kraft comprendra quels sont nos sentiments en cette affaire, mieux cela vaudra pour lui. Il trahit parfois une persuasion remarquable qu'au règlement final des

choses il se rendra inestimable à nos
yeux. En diplomatie, il sait qu'il brille.
Alors, les murmures zézayants et l'inso-
lence étudiée auront leur emploi. Finis-
sons le combat et laissons-lui le soin de
tout arranger. Il croit réellement que
l'Anglais de naissance fera cela. Il ne
comprend pas le moins du monde la
passion calme de nos rires. Il n'y eut
jamais moins d'agitation, de manifestations et de cris publics en Angleterre et
jamais l'Angleterre ne fut aussi ferme
d'intention.

Cette triste guerre ne doit pas finir par
la diplomatie ; elle doit marquer la fin
de la diplomatie. C'est une guerre absolument différente de toutes les guerres
qui l'ont précédée. A la fin, il n'y aura
pas de conférence de l'Europe, suivant
les vieilles méthodes, mais une conférence du Monde. Cette conférence fera
rire Kraft. Il saisira les gens par leurs
boutonnières, leur crachant presque à la
figure, dans son désir de tenir ses propos

dérisoires. Cette conférence traitera ses affaires avec une publicité scandaleuse et une simplicité voulue. Ce sera pire que Woodrow Wilson. Et elle fera une paix qui mettra fin à Kraft, à l'esprit de Kraft et au kraftisme, et, derrière lui, à toutes les firmes d'armements privés. Cela pour toujours !

A cette idée, je vois déjà la tête de Kraft tombant entre ses épaules et ses grandes mains s'agitant comme les ailes d'un chérubin. « Anglais ! Libéraux ! Fous ! Incurables ! Comment de telles choses peuvent-elles être ? Ce n'est pas ainsi qu'on agit. »

C'est pourtant comme cela qu'on agira si ce monde vaut la peine qu'on y vive après cette guerre. Quand nous combattons contre Berlin, Kraft, c'est contre *vous* que nous combattons... pour en finir avec vous. Oui !

V

LES MESURES LES PLUS NÉCESSAIRES
AU MONDE

Dans cette catastrophe d'empires et de
diplomaties, ce profond désastre de la politique internationale, certaines choses,
qui auraient paru ridiculement utopi-
ques il y a quelques semaines, sont de-
venues soudain raisonnables et prati-
cables. L'une d'elles — une chose qui
aurait paru fantastique jusqu'au moment même où nous entrâmes en action
contre l'Allemagne et qui peut maintenant être considérée comme une froide
possibilité — est l'abolissement absolu
dans le monde entier de la manufacture

d'armes au profit de particuliers. Quoi qu'on puisse dire de la praticabilité du désarmement national, il ne peut y avoir de discussion non seulement au sujet de la possibilité mais surtout de la nécessité suprême de mettre un terme à jamais aux profits privés tirés des instruments de mort. C'est là l'ennemi réel. C'est là la chose néfaste qui se trouve au centre même du trouble actuel.

Au cœur même de tout ce mal qui a éclaté finalement en un désastre mondial se trouve le kruppisme, ce commerce sordide et énorme des instruments de mort. C'est l'organisation la plus fermée et la plus gigantesque du monde. Quotidiennement cette énorme entreprise, avec ses journaux achetés, ses espions rétribués, ses agents, ses actionnaires, ses partisans insensés, sa vaste ramification d'associés anonymes et connus, a fait échouer les essais de pacification, a augmenté de plus en plus le tas de matériel explosif — ce tas qui s'écroule à la fin dans cette mer de sang, en Belgique, dans laquelle les vies de quatre grandes nations sont maintenant déchirées, tourmentées, assassinées et gaspillées au delà de tout ce qu'on peut compter, au delà de tout ce qu'on peut imaginer. Je n'ose en tracer le tableau songeant à celui qui pourrait le lire.

Tant que la paix instable durait, tant que l'Empereur des Allemands, la maison Krupp et les vanités de la Prusse se soutenaient mutuellement, menaçant, mais n'attaquant pas la paix du monde, tant qu'on pouvait rêver de contenir le choc et d'épargner des vies, il était impossible de mettre un terme à ce commerce ou même de proposer franchement de mettre un terme à ce commerce. Il était encore possible de dire que se préparer à la guerre était la meilleure façon d'avoir la paix.

Mais maintenant tout le monde sait mieux. La guerre est venue. La préparation a explosé. Le brigandage outrageant s'est converti en massacre outrageant. Toute l'Europe se révolte contre ce système néfaste. Il ne peut y avoir, pour l'instant, de retour à la paix ; nos hommes doivent mourir, en tas, par milliers : nous ne pouvons nous illusionner par des rêves de victoires faciles ; nous devons tous souffrir de la misère et d'une anxiété infinies ; il existe à peine une entreprise humaine qui ne sera pas gâtée ou assombrie par cette guerre. De tout cela doit sortir une résolution universelle : cette iniquité doit être arrachée par les racines.

Quelles que soient les folies qui sont encore en réserve pour l'humanité, cette folie-ci, du moins, doit finir. Il ne doit plus y avoir d'achat ni de vente de canons, de navires de guerre et de machines de guerre. Il ne doit plus y avoir de profits possibles par les armes. Les Rois et les Kaisers doivent cesser d'être les voyageurs de commerce des monstrueuses entreprises d'armements. En vendant le *Gœben*, le Kaiser a fait sa dernière vente. Quelles que soient les armes dont les nations auront besoin, elles devront les faire elles-mêmes et les donner à leurs propres sujets. A part cela, il ne doit y avoir aucune fabrique d'armes sur terre.

C'est là le bon sens le plus clair. Je n'ai pas besoin d'insister sur ce qui est manifeste, ce que tout Allemand connaît, ce que tout homme au monde intelligent et instruit sait : la maison Krupp et l'Impérialisme prétentieux de Berlin sont liés comme un voleur et son receleur ; les mains des princes allemands sont salies par ce commerce. Dans le monde entier la politique et la royauté ont été approchées, touchées et souillées par ces vastes firmes, mais c'est à Berlin que la corruption s'est concentrée, c'est de Berlin qu'est venue l'obligation intolérable d'armer et d'armer toujours, c'est à Berlin seulement que le mal peut être saisi et tué.

Avant cette guerre on ne pouvait l'atteindre. Il était inutile de rêver même de désarmement, tandis que ces gens pouvaient toujours continuer la fabrication de leur matériel sans aucun contrôle, attendant le moment de la pression nationale, nourrissant l'esprit national de craintes et de suspicions par l'entremise de leur presse subventionnée.

Mais il y a maintenant un nouvel esprit au monde. Il n'y a plus de craintes ; le pire est arrivé, il passera. Les haines laides, les idées fausses, entretenues soigneusement sur la paix armée commencent déjà à faire place au respect mutuel, à la pitié et à la désillusion d'une guerre universellement désastreuse. Nous pouvons enfin traiter les Krupp et les firmes congénères du monde entier comme un seul problème général, un mal mondial accessible.

En dehors du cercle des États belligérants et des États qui, comme le Danemark, l'Italie, la Roumanie, la Nor-

vège et la Suède doivent nécessairement être invités à prendre part dans
le rétablissement final des affaires du
monde, il n'y a que trois systèmes de
Puissances qui aient besoin d'être con-
sidérées dans cette affaire, à savoir:
les républiques de langues anglaise et
espagnole d'Amérique et la Chine. Aucun de ces États n'est impliqué directement dans le commerce des armements, plusieurs ont même les plus
grandes raisons pour haïr un système
qui a lié à chaque emprunt l'obligation
de traiter d'armements.

Les États-Unis d'Amérique sont maintenant, plus qu'ils ne le furent jamais,
une puissance antimilitariste, et ce n'est
pas trop de dire que le Gouvernement
des États-Unis d'Amérique tient dans sa
main le pouvoir de sanctionuer ou d'empêcher ce besoin des plus urgents de
l'humanité. Si le peuple des États-Unis
veut considérer et étudier cette question
dès maintenant ; s'il veut se faire à l'idée

dès maintenant qu'il n'y aura plus de profits faits en Amérique ou ailleurs sur la face de la terre en matériel brut; s'il veut se décider à mettre la vaste influence morale, financière et matérielle que les États pourront exercer à la fin de cette guerre contre la survivance du kruppisme, alors il sera possible d'en finir à jamais avec cette vile industrie. Si, par suite d'un manque de courage ou d'imagination, ce peuple ne veut pas entrer dans cette affaire, alors je crains qu'on ne puisse y arriver. Mais je juge mal les États-Unis; ils ne s'abstiendront pas de profiter d'une opportunité aussi glorieuse et aussi congéniale.

Permettez-moi d'exposer la suggestion très clairement. Toutes les manufactures pour la fabrication du matériel de guerre dans le monde entier doivent être sous la direction du gouvernement de l'État dans lequel elles existent : manufactures de canons, manufactures de fusils, chantiers de constructions

pour navires de guerre. Il sera sans
doute nécessaire d'indemniser les actionnaires plus ou moins complètement ; il pourra y avoir une indemnité
de guerre qui y pourvoira, mais c'est là
une question de détail. Ce qui doit être
obtenu c'est la conversion partout de
toutes les fabriques d'armes en un monopole d'État, de façon que nulle part
on ne puisse en tirer un sou de bénéfices privés. Alors, et seulement alors, il
deviendra possible d'organiser le démembrement graduel de cette industrie
qui détruit l'humanité et la réduction
des forces armées à des dimensions
raisonnables.

J'étendrais même cette suppression
jusqu'à la restriction de la fabrication
et la vente de toutes sortes de fusils, pistolets et explosifs. Ils seraient faits seulement dans les manufactures de l'État
et vendus seulement dans les magasins
de l'État ; il n'y aurait au monde pas
un seul fusil, pas un seul browning qui

ne serait enregistré, poinçonné et, par
conséquent, facile à suivre. Mais c'est
là peut-être un conseil de perfection.
La chose essentielle c'est la suppression
mondiale de cet abominable trafic dans
ce gros attirail de guerre : les cuirassés
et les canons.

Cette corruption une fois écartée de
notre chemin, le voyageur de commerce
en armements flanqué à la porte d'une
manière si vive qu'il ne pourra revenir,
même par l'escalier de service — qu'il
avait cependant l'habitude de fréquen-
ter — il sera possible de prendre en considération un projet pour l'établissement de la paix du monde.

Jusqu'à ce que cela soit accompli, tout
projet de ce genre ne sera qu'un vain
rêve. Mais une fois qu'on aura disposé
de lui, la voie sera ouverte pour l'association des nations armées, résolues à
empêcher immédiatement toute recrudescence de guerre agressive.

Elles ne seront pas d'ailleurs des na-

tions totalement désarmées. Il ne ser-
virait à rien de désarmer tant qu'il y aurait encore une Puissance désireuse de
gloire militaire. Il ne servira à rien de
désarmer tant que les germes de la
fièvre guerrière seront toujours dans le
sang humain. L'intelligence du monde
entier devra guetter les symptômes fé-
briles et se préparer à les calmer.

Mais après cette lutte on peut compter
sur les intentions pacifiques au moins
des États suivants : l'Empire britannique, la France, l'Italie et tous les
petits États du Nord et de l'Ouest; les
États-Unis ont toujours été une Puissance pacifique; le Japon a eu sa leçon
et il est trop appauvri pour entreprendre
des hostilités sérieuses ; la Chine n'a
jamais été agressive; l'Allemagne, à son
tour, à moins que cette guerre n'abou-
tisse à d'intolérables insultes et humi-
liations pour l'esprit allemand, sera
dégoûtée de la guerre. Les Républiques
de langues espagnole et portugaise en

Amérique sont trop occupées à se développer matériellement pour rêver de
guerre à la façon moderne, et la même
chose sera sans doute bientôt vraie de
la part des communautés grecques, la-
tines et slaves du sud-est de l'Europe
si, comme je l'espère et le crois, cette
guerre conduit à la reconstitution ra-
tionnelle de l'Empire austro-hongrois.
1915 trouvera, en réalité, dans ce monde
-ci, un monde étrangement docile et raisonnable.

Il n'y a qu'un seul pays douteux, la
Russie, dont, pour ma part, je ne crois
pas à la méchanceté. Je doute du pouvoir
présent de cet État, et puis la Finlande
et le royaume reconstitué de Pologne
pèseront en faveur de la paix.

Ce sera, en réalité, l'époque, l'occasion suprême pour établir la paix. S'il y
a assez de courage et d'honnêteté chez
les hommes, je crois qu'il sera possible
d'établir un Conseil mondial pour la ré-
gularisation des armements, et ce sera

là comme le résultat naturel de cette
guerre.

D'abord, le commerce des armements
doit être absolument détruit. Et, ensuite,
la mesure suivante, suprêmement importante pour assurer la paix du monde,
c'est la neutralisation de la mer.

Ce sera au pouvoir de l'Angleterre,
de la France, de la Russie, de l'Italie,
du Japon et des États-Unis — si l'Allemagne et l'Autriche sont écrasées dans
cette guerre, — d'interdire toute construction supplémentaire de navires de
guerre; de persuader et même, si besoin
est, d'obliger les petites Puissances à
vendre leurs marines et de refuser la
mer aux nations armées qui ne seraient
pas sous le contrôle de la confédération. Lancer un navire armé pourrait
être considéré comme une invasion du
commun territoire du monde.

Ceci sera une opportunité en 1915.
Ce restera une opportunité jusqu'à ce
que les hommes soient remis du choc

de ce conflit. Mais qu'on se rappelle
surtout, qu'à mesure qu'on oubliera ce
dernier, cette opportunité cessera à nouveau d'exister — peut-être pour des
centaines d'années.

Déjà l'honnêteté et l'intelligence humaines ont réussi à garder désarmés
les grands lacs américains et l'énorme
frontière canadienne pendant un siècle.
La folie guerrière s'en est plainte, mais
elle n'a jamais été assez forte pour l'empêcher. Ce qui est possible sur cette
échelle sera possible universellement,
aussitôt que le trafiquant en armements se trouvera mis dans l'impossi-
bilité absolue de faire du mal.

Et avec les Puissances confédérées
de la Paix gardant les mers et garan-
tissant la liberté pacifique des mers à
toute l'humanité, traitant le transport
d'hommes armés et de matériel de
guerre — excepté entre deux parties
détachées d'un État — comme de la
contrebande, et bloquant impartiale-

ment tous les belligérants, ceux qui connaissent la signification de la puissance de la mer comprendront la réduction du danger des guerres extensives sur terre.

Ceci n'est pas un rêve. C'est le simple bon sens de l'opportunité présente.

On pourra dire que c'est là une discussion prématurée, que cette guerre n'est pas encore terminée. Mais, à vrai dire, il ne peut y avoir d'autre fin à cette guerre — pour la France et l'Angleterre en tout cas — que la défaite de l'Allemagne, l'écrasement du militarisme allemand, la destruction de la flotte allemande et la création de cette opportunité. Rien d'autre que cela ne peut être admis ; nous devons combattre jusqu'à l'extinction plutôt que de nous soumettre, vaincus, à une paix déshonorante ou à un arrangement qui ne pourrait être que prématuré.

Le sort du monde sous le prussianisme et le kruppisme triomphants, durant les deux cents années à venir, ne

vaut même pas la peine qu'on le discute.
Il n'y a pas d'autre conclusion possible
à cette guerre que la soumission de
Berlin. Il n'y a pas d'autre moyen d'action devant nous que de consacrer toute
notre force à la victoire et à l'établissement de la victoire. La fin doit être la
victoire ou notre effacement. Ce qu'il
arrivera après notre effacement, c'est
aux Allemands de le dire !

Une guerre, qui ne battrait qu'un
peu l'Allemagne et restaurerait les tensions haineuses des quarante dernières
années, ne vaudrait pas la peine qu'on y
prenne part. Comme la fin de tous nos
efforts, ce serait presque aussi intolérable que la défaite. Cependant, à
moins qu'un corps d'idées définies soit
formé et promulgué en ce moment, cela
pourrait arriver.

Et c'est pourquoi maintenant, tandis
qu'il est encore temps, le libéralisme
de France et d'Angleterre doit parler
franchement et faire appel au libéra-

lisme du monde entier, non pour prendre part à notre guerre, mais pour prendre part aux grandes fins pour lesquelles nous faisons ici joyeusement cette guerre.

Car, à vrai dire, assez étrangement, l'Angleterre, la France, la Belgique et la Russie sont heureuses que ce jour soit venu !

L'âge de l'anxiété armée est passé. Quoi qu'il advienne, il doit toucher à sa fin. Et il n'y a pas d'autre moyen de l'amener à sa fin que par ces deux décisions étroitement unies : l'abolition du kruppisme et la neutralisation de la mer.

VI

LE BESOIN D'UNE NOUVELLE
CARTE D'EUROPE

Au moment où j'écris, la guerre
n'existe que depuis peu, les grandes batailles sur terre et sur mer sont encore à
venir, et cependant je découvre que ma
prévision constante au sujet du prussianisme et du bernhardisme — à savoir
que toute la théorie et la pratique de l'Empire des Allemands est une chose inepte
et condamnée à périr, — s'est déjà trans-
formée en une conviction absolue.

Des accidents imprévus peuvent arriver. Je ne dis rien de la mer, mais le
résultat général et ultime me semble

aussi certain que le lever du soleil de-
main.

Je ne sais pas combien de crimes sont
réservés à l'Europe avant que l'Allemagne comprenne qu'elle est conduite
et empoisonnée par des fous. Je ne sais
pas combien de temps l'officier prussien
alcoolique pourra conduire ses masses
d'hommes au massacre avant que celles-
ci se révoltent contre lui, pas plus que
je ne sais pour combien de temps la
vanité infatuée de Berlin a fait des pro-
visions dans l'attente de la défaite.

L'Allemagne sur la défensive, en dépit de tout ce que l'on peut dire, se
montrera peut-être un bloc opiniâtre,
et il se peut que la force de la Russie,
et cela je le crois, soit estimée plus que
sa valeur réelle.

Tout cela peut retarder, mais ça
ne changera en rien la démonstration
finale que le prussianisme, ainsi que
M. Hilaire Belloc le prédit si curieusement, reçut sa blessure mortelle dès le

début, devant les tranchées de Liége. Nous commençons certainement une nouvelle période de l'histoire.

Ce n'est pas l'Allemagne qui a été défaite ; l'Allemagne est toujours un pays non encore conquis. A vrai dire, c'est même maintenant un pays libéré. C'est un pays glorieux dans l'histoire et ayant un avenir glorieux. Mais jamais plus, après que cette guerre sera finie, répondra-t-elle au cri du sergent d'instruction prussien pour s'efforcer à faire la fanfaronne envers le monde entier.

La légende de la Prusse a fait explosion. Elle faisait appel à un grossier critérium, le succès, et elle n'a pas réussi. Jamais plus la dureté de Berlin ne portera ombrage à la grande et amicale civilisation de l'Allemagne méridionale et occidentale.

L'œuvre à accomplir par un monde entier en armes, c'est détacher la vie et l'esprit de l'humanité du bleu de Prusse qui la souille.

Aucune Puissance européenne n'a, en réalité, de querelle avec l'Allemagne. Notre querelle est avec l'Empire des Allemands, non pas avec un peuple mais avec un système. Ayons bien cela présent à l'esprit dans tout ce qui suivra.

Il se peut que l'échec allemand devant Liége ne soit que le commencement d'un désastre aussi grand que celui de la France en 1871. Il se peut que l'Allemagne n'ait point de second plan si son premier plan ne réussit pas; qu'elle tombe en morceaux après sa première défaite. Il me semble qu'il en sera ainsi — je risque la prophétie, et je voudrais nous mettre en garde contre les tentations de la victoire.

C'est ainsi, pour commencer, qu'il faut que, nous autres libéraux, déclarions notre conviction ferme, inébranlable que ce serait un péché de démembrer l'Allemagne ou de permettre qu'un territoire de langue ou de sentiment allemand tombe sous un joug étranger. Nous autres Anglais, nous devons être sûrs de nous en cette affaire.

Il pourra y avoir des restitutions de territoires étrangers — polonais, français, danois, italiens — mais nous avons de nos jours eu assez de la subjugation raciale pour tolérer qu'elle s'accroisse.

Du Rhin à la Prusse orientale et de la Baltique aux limites méridionales de l'Autriche de langue allemande, les Allemands ne font qu'un peuple. Commençons par la résolution de ne permettre qu'aucune amertume de « territoires conquis » puisse venir troubler la paix future de l'Europe. Veillons à cela, afin qu'à l'accord final les Allemands, si grande qu'ait été leur défaite, restent des hommes libres.

Lorsque les Prussiens envahirent le Luxembourg ils déchirèrent la carte de l'Europe. Un millier de forces complexes

surgirontlors desa reconstitution.Beau-
coup, dans cette affaire, essaieront de
duper et il y aura aussi beaucoup de
gourmandise. Peu arriveront aux négociations avec des intentions simples.
Dans une altercation, toutes sortes de
choses laides et stupides peuvent arriver. C'est à nous, Anglais, d'obtenir une
place directrice dans cette affaire, de
prendre, avant tout, conseil de nous-
mêmes et de déterminer ce qui est juste ;
c'est à nous,qui de tant de façons sommes
détachés et indépendants des passions
nationales du Continent, non pas d'être
adroits ou politiques, mais de poursui-
vre dès maintenant un but aussi unanime
que possible, de façon que nous puissions mener cette guerre jusqu'à sa fin
— en ayant une conception très claire de
cette fin — et employer toute notre force
à établir une paix durable en Europe.

Cela veut dire que nous avons à rétablir la carte de façon qu'il y ait, autant
que nous pouvons le juger d'avance,

aussi peu que possible de causes de guerre parmi nous autres, nations occidentales. Cela veut dire que nous avons à la rétablir équitablement. Et très extensivement.

Est-ce là une proposition impossible ? Je ne le crois pas. Il existe, en réalité, des frontières non irritantes. Voyez les frontières du Canada. Certaines limites en Europe ont maintenant servi pour la plus grande partie d'un siècle et deviennent d'année en année moins susceptibles d'amener des froissements.

Personne, par exemple, ne veut ni ne voudrait user de la force, en Europe, pour détruire les frontières mutuelles de la Hollande, de la Belgique, de la France, de l'Espagne, du Portugal, et de l'Italie, et aucune de ces Puissances ne désire acquérir les possessions étrangères de n'importe quel autre pays de ce groupe.

Ce sont des Puissances en état de paix pour toujours.

Ne serait-il pas possible maintenant
de faire un rétablissement assez dras-
tique pour assurer, de façon ferme,
le même contentement pratique entre
toutes les Puissances européennes ?
Cette guerre ne présente-t-elle pas cette
grande opportunité ?

Il me semble que dans cette affaire, il
nous appartient de former une opinion
sensée et assez définie pour faire face
aux impulsions soudaines du triomphe
guerrier et écraser les conseils secrets
de la diplomatie. Prenons résolution
dans ce sens. C'est une chose à faire
d'avance. Décidons pour quel but nous
combattons et assurons-le et établis-
sons-le !

Ce n'est pas une chose, sans doute,
intéressante mais abstraite à accomplir ;
c'est maintenant le devoir de tout citoyen
anglais d'étudier ce problème de la carte
d'Europe, de sorte que nous puissions
enfin mettre un terme définitif à tous ces

petits jeux obscurs de complots, de traités secrets et de systèmes synthétiques
qui ont gaspillé les forces de la civilisation (et fait la fortune de la famille
Krupp). Si vraiment nous combattons
pour quelque chose, nous combattons en
ce moment pour une nouvelle carte
d'Europe. Je m'imagine presque cette
nouvelle carte comme si c'était le drapeau des Alliés, qui s'occupent en ce
moment à faire rentrer les Allemands
dans leur propre territoire.

En premier lieu, je suggère que la
France doit recouvrer la Lorraine et que
le Luxembourg doit être uni par des liens
plus intimes à la Belgique. L'Alsace,
il me semble, pourrait avoir à choisir
entre la France ou entrer dans la Confédération suisse. Il se pourrait qu'elle
choisisse la France. Le Danemark se
verrait rendre la partie distinctement
danoise des provinces qu'il a perdues.
Trieste et le Trentin, et peut-être aussi
Pola, seraient rendus à l'Italie. Ceci

réunirait plusieurs fragments de peuples à leurs associés les plus congénitaux.

Mais ce sont là des changements infimes comparés aux nouveaux développements qui sont, en quelque sorte, inévitables dans l'est de l'Europe, et c'est pour ceux-ci qu'il nous faut faire appel à notre imagination, si cette grande guerre et ce gaspillage d'hommes doivent se terminer par une paix durable.

Le démembrement de l'Empire autrichien a été suspendu comme une épée de Damoclès au-dessus de l'Europe depuis quarante ans. Qu'il se démembre maintenant et qu'on n'en parle plus !

Qu'adviendra-t-il des régions non allemandes de l'Autriche-Hongrie ? Et qu'arrivera-t-il à la frontière polonaise de Russie ?

D'abord, je suggérerai, à ce moment, que les trois fragments de la Pologne soient réunis, et que le Tsar de Russie soit couronné roi de Pologne. Je propose donc que ce soit là, pour ainsi dire, comme notre intention nationale, et que nous usions de toute l'influence libératrice que cette guerre nous aura donnée sur la Russie pour l'amener à cette fin.

Et, deuxièmement, je propose que nous considérions comme de notre devoir l'unification de cette plus grande Roumanie qui comprend la Transylvanie, ainsi que la réunion en une confédération du genre de la République helvétique de toutes les provinces serbes et quasi serbes de l'Empire d'Autriche.

Quant à la Serbie, la plus grande Serbie, qui aura reconquis l'unité, elle en devra payer le prix ; exigeons d'elle qu'elle restitue à la Bulgarie toute la contrée de langue bulgare qui se trouve sous la domination serbe ; sauvons Scutari de l'iniquité d'une occupation impudente par les Monténégrins, et essayons d'effectuer une autre confédération suisse avec les fragments bohémiens, slaves et hongrois qui resteront.

Je suis convaincu que le temps est venu
de substituer des associations du genre
suisse aux impérialismes et royaumes
discrédités qui ont, depuis si longtemps,
rendu l'Europe aussi instable.

Un empereur et un roi, nous le voyons
maintenant, signifient une ambition nationale plus organique, plus concentrée
et plus dangereuse que cela est possible
dans une république. Notre propre monarchie, qui nous est d'ailleurs particulière, est la seule exception : elle sert
à confirmer la règle.

Il n'y a aucune raison pourquoi nous
multiplierions ces centres d'agressions.

Sans aucun doute, ni la Bulgarie ni
la Serbie ne regretteraient beaucoup
leurs rois et, en tout cas, je ne vois aucun besoin de maintenir ces nids d'ambition à la surface du monde. Cessons de
donner des princes indigestes aux nouveaux États que nous « suissiserions ».
L'Albanie, en particulier, avec toutes ses
tribus diverses, n'a aucun besoin d'une

monarchie, et la proposition faite à son sujet de la transformer en une confédération de petits cantons est la seule que j'aie jamais entendu énoncer qui m'ait paru contenir un rayon d'espoir pour ce lopin de terre perdu. En outre, il n'y a certainement aucune raison absolue pourquoi ces peuples seraient exploités par l'Italie, puisque l'Italie peut revendiquer une gratification beaucoup plus légitime.

Voici, en quelques lignes, une ébauche de la carte d'Europe qui peut sortir de la lutte actuelle.

C'est là mon idée personnelle sur le but de cette guerre.

D'une façon manifeste, dans toutes ces choses, je suis des plus ignares. D'une façon manifeste, c'est là un plan, rien de moins que grossier. Et je reconnais un peu d'absurdité présomptueuse de ma part de vouloir m'asseoir aussi délibérément devant la carte d'Europe comme un maître d'école devant un canard rôti, prenant une cuisse ici et décidant de couper une aile là. Néanmoins, c'est ce que chacun de nous doit faire. J'ai, pour ma part, résolu de continuer la reconstitution de la carte d'Europe avec toutes les personnes que je rencontrerai.

Nous sommes tous plus ou moins ignorants ; c'est regrettable, mais ça ne change en rien le fait que nous ne pouvons échapper soit à des décisions soit à de passives soumissions en ces choses. Si nous ne faisons pas notre possible pour comprendre la nouvelle carte, si nous ne prenons pas de décisions, alors des choses plus grossières encore arriveront : l'Europe se lancera dans un nouveau lot de complications malpropres et préparera un |« Armageddon » encore plus gigantesque que celui qui se déroule en ce moment.

Personne, je l'espère, ne suggérera que nous devrons toujours laisser aux diplomates le soin de ces choses.

Cependant l'alternative de vous et de moi, c'est la diplomatie.

Si vous voulez voir où la diplomatie et la Welt Politik ont conduit l'Europe, après quarante années d'anxiété et d'armements, vous n'avez qu'à aller dans les tranchées de Liége. Ces tas de cadavres ne sont que les premières gerbes de la moisson.

La seule alternative à la diplomatie c'est l'intelligence publique : la vôtre et la mienne, et celle de toute personne saine d'esprit. C'est notre tâche à tous d'entreprendre cette reconstitution de la carte d'Europe, dans la mesure de notre pouvoir et de nos facultés.

Que notre pouvoir et que nos facultés ne soient pas, malheureusement, très considérables, cela ne nous excuse pas. C'est à nous d'assurer un arrangement définitif de toutes les frontières, si nous le pouvons. Si nous, dans l'ensemble, peuple intelligent, nous n'assurons pas cela, personne ne le fera.

Si nous n'avons aucune intention bien arrêtée, aucune intention bien nette quant à la carte d'Europe, nous continuerons bientôt la guerre pour rien de spécial.

L'esprit prussien s'est brisé irréparablement, tandis que le nord de la France et l'intégrité de la Belgique sont saufs. Tous les combats qui auront lieu encore ne seront que le développement et la confirmation de cela. Si nous n'avons pas d'autres plans devant nous, notre tâche est finie. Si c'est tout, nous pouvons nous mettre de côté, la conscience tranquille, et regarder la guerre s'acheminer lentement vers une fin mauvaise.

Laissée à elle-même, une Russie victorieuse sera beaucoup plus susceptible de se servir de la Prusse orientale et de se mettre à russianiser ses habitants que de risquer une indigestion de nouveaux Polonais ; l'Italie pourra pénétrer

en Albanie et un nouveau conflit éclatera
avec la Serbie; il se peut même que la
France manque de générosité. Elle aura
d'ailleurs une bonne excuse de ne pas
être généreuse.

Durant ce temps, les populations de
langue allemande se trouveront être des
chiens asservis au lieu de chiens autori-
taires dans la moitié des provinces de
l'Autriche-Hongrie; de méchants petits
rois — que compléteront leurs chance-
liers, leur politique nationaliste et leurs
ambitions — se lèveront, trébucheront
et tomberont sur ce sol glissant, et une
Allemagne sanguinaire et aigrie, continuellement aiguillonnée par les cris de
sa lignée asservie, se mettra, avec une
grimace mauvaise, à donner naissance
à une nouvelle génération de soldats et
à préparer farouchement sa revanche...

C'est pourquoi je crois que c'est à la
libérale Angleterre d'établir maintenant
la nouvelle carte d'Europe, d'abord sur

le papier puis ensuite, pratiquement,
sur la face de la terre.

Nous devons établir cette carte dès
maintenant, en propager l'idée, en former notre but national, et faire appel à
l'intelligence et à la conscience des
États-Unis, de la France et des États
scandinaves pour nous aider. Ouvertement et franchement nous devons discuter, décider, et dire au monde ce que
nous voulons faire.

Le règne de la brutalité, du cynisme
et de la trahison secrète est aboli en
Europe. Sur les ruines de la Seigneurie
guerrière prussienne, la raison, l'opinion publique, la justice, la bonne foi
et les bonnes intentions internationales
seront libres de reprendre leur place et
de diriger la destinée de l'homme.

Mais les choses n'attendront pas la
raison et la justice, si les hommes justes
et raisonnables n'ont ni énergie ni
unité.

VII

L'HEURE DU LIBÉRALISME

L'heure du libéralisme est enfin venue, offrant une opportunité écrasante.

L'âge du militarisme s'est précipité à son « climax » inévitable et cependant surprenant. Le grand empire soldat, fait pour la guerre, qui a dominé l'Europe pendant quarante ans, s'est tiré lui-même par les racines et lancé dans la lutte pour laquelle il a été fait. Qu'il gagne ou qu'il perde, il ne se remettra jamais de lui-même.

Toute l'Europe, suivant le mouvement, est devenue un champ de bataille. Les bonnes moissons restent négligées, les

usines sont oisives, un faible et incertain froissement de papier-monnaie
remplace le cours, au son argentin, du
commerce ; quoi qu'il arrive, défaite ou
pas de résultat, la civilisation militaire
et capitaliste se déracine et va vers sa
fin. La guerre peut s'éteindre plus vite
que ceux qui regardent son immensité
le pensent, mais la guerre elle-même
n'est que la chute de la chose. La réalité
c'est le déracinement, la dislocation
irrémédiable.

Essayer de dessiner et de mesurer
cette dislocation, cela ressemble plutôt
à l'effort de quelqu'un essayant pour la
première fois de calculer la distance qui
nous sépare du soleil. C'est transférer
son esprit vers une échelle nouvelle et
écrasante. Jamais aucune époque n'ap-
porta un fardeau de changements aussi
rapides que cette époque.

Il est évident que dans un an ou environ le monde des hommes se sera modifié plus qu'il ne s'est modifié en un

siècle et demi, plus, à vrai dire, qu'il ne s'est jamais modifié avant ces siècles derniers, depuis que l'histoire commença.

Songez à la simple dislocation géographique. C'est à peine s'il y a un pays en Europe qui sortira de cette lutte sans des frontières entièrement nouvelles ; des Puissances souveraines disparaîtront de la carte, de nouvelles Puissances souveraines apparaîtront.

Au milieu des désordres qui sont suspendus au-dessus de nos têtes et dont cette guerre n'est que la phase préliminaire, il doit y avoir inévitablement quelque reconstruction sociale. Qui en peut douter? Qui peut douter de l'émoussement de la confiance et des coutumes en cours ?

Vous pouvez voir nettement la famine qui s'approche en France, en Allemagne, en Russie. Quelqu'un peut-il supposer que ces Allemands, faussement efficients, ont entièrement étudié et résolu le problème de soigner et de nourrir ces hordes en furie qu'ils ont lancées sur la France? Quelqu'un peut-il rêver qu'ils ont songé à s'arrêter et à prendre un repos? Quelqu'un peut-il imaginer comme parfaites leurs installations sanitaires? Ce sera la peste.

Et quelqu'un peut-il croire que, quelles que soient les histoires financières que nous inventions, leur chute financière puisse être retardée et que les banquiers de Hambourg et de Francfort soient susceptibles, dans quelques mois, d'amasser l'or au milieu d'un monde toujours méthodique?

La machine de l'État allemand a déjà fait probablement tout ce qu'elle était en mesure de faire. Elle se trouve maintenant épuisée au milieu du tourbillon de ces conséquences. Sa mobilisation a été, dit-on, étrangement complète. Dix millions d'hommes, partisans ou non de la guerre, ont été mis en campagne — avec des munitions.

L'Allemagne prussienne a exécuté tous ses arrangements et commis le soin de l'affaire à Gott. La prévision allemande s'est épuisée. Si Gott délaisse l'Allemagne, je ne crois pas que l'Allemagne ait la moindre idée de ce qu'elle devra faire ensuite. Pour la plupart, ces millions d'hommes ne reverront plus jamais leur foyer. Ils ne reverront, en tout cas, jamais plus leur travail, car il aura disparu.

Quand je pense à la politique européenne essayant, à l'heure actuelle, de remettre de nouveau toutes ces choses à leur place, cela me rappelle l'histoire d'une amie dont le voisin essaya de se couper la gorge et s'en repentit. Il vint la trouver, un torchon autour du cou, émettant des bruits singuliers. Ce fut pour elle une expérience douloureuse, mais d'une grande leçon. C'était une femme courageuse et pleine de ressources et elle fit de son mieux.

« Il y en avait tant, dit-elle. Jamais je n'aurais cru qu'il y eût tant de choses si étroitement assemblées en nous. »

C'est la caractéristique d'époques comme celles-ci — que dans le monde, et, plus particulièrement, dans l'esprit des hommes, une grande partie de ce qui a paru aussi invincible que les montagnes et aussi profondément enraciné que la mer, perd magiquement sa solidité, pâlit, change, disparaît.

Quand on regardait la carte d'Europe, il y a quelques mois, la plupart des lignes de ses frontières semblaient presque aussi stables que les lignes des côtes. Maintenant elles vacillent sous nos yeux.

Quand on pensait à l'héritage du Kronprinz, il semblait aussi fixe qu'une constellation, et maintenant, dans quelque temps, — un temps très court peut-être, — il ne vaudra pas plus qu'un haillon ensanglanté dans les tranchées de Belgique.

Dans les petites choses comme dans les grandes, on est brusquement confronté avec une instabilité à laquelle on n'avait jamais pu rêver. Le Reform Club, qui a été pour moi durant des années un joyeux et cordial ruisseau d'or, me tend maintenant à regret, en échange de mon chèque, deux inartistiques billets d'une livre. Mon autre club a, lui, cessé complètement d'escompter les chèques. On est heureux que ce pauvre Bagehot n'ait pas vécu ces jours-là.

Tous les jours je m'étonne de m'éveiller et de trouver que j'ai toujours un banquier... Et je m'aperçois aussi que si mon banquier se dissolvait à l'instant dans le reste de ce monde dissolvant — chose que j'aurais considérée comme une calamité intolérable il y a quelques mois, — je rirais et je continuerais mon chemin...

Les idées qui ont gouverné la vie comme si elles avaient été des vérités

divines sont pourchassées et menacées
dans les rues. Les droits de la pro-
priété, par exemple, les vertus vigou-
reuses de l'individualisme, etc..., dis-
parurent subitement il y a quelques
semaines au milieu des exécutions de
l'humanité. Elles s'enfuirent, laissant
le socialisme et le collectivisme au
pouvoir.

L'État a pris les moulins et la fourni-
ture de l'alimentation, non seulement
dans un but militaire, mais pour le bien-
être général de la communauté. L'État
contrôle les chemins de fer avec un
dédain complet des actionnaires, qui
n'osent même pas écrire au *Times* une
lettre de protestation.

Si l'État croit convenable de garder
la main sur ces choses pour de bon, ou
de ne desserrer un peu son étreinte que
pour mieux l'affermir, je demande s'il
reste encore assez de choses dans le
cerveau des hommes, même après le
simple balayage préliminaire de ces

derniers temps, pour discuter au sujet de la possession.

La société, ainsi que nous la connaissions, il y a un an, s'est déjà, à vrai dire, rompue; elle a perdu toute cohésion réelle; seule l'absence ailleurs de toute attraction nous relie encore à elle. Nous gardons nos positions relatives parce qu'il n'y a nulle part où, pris de panique, nous puissions nous enfuir.

Des gens étonnés, ahuris remplissent les rues, et nous parlons du calme national. Les hommes les plus intelligents, ayant perdu leur travail, s'en vont au bureau de recrutement, parce qu'ils n'ont rien d'autre à faire. Nous parlons de la magnifique réponse à l'appel de lord Kitchener. Tout le monde offre ses services. Tout le monde cherche quelqu'un qui lui dise quoi faire. Ce n'est pas une organisation; c'est la première phase, la première marque d'une dissolution.

Je n'écris pas en ce moment des prophéties, et je ne m'exerce pas à déployer des trésors d'imagination. Je suis, tout simplement et autant que cela m'est possible, les faits en marche et je les signale du doigt. Institutions et conventions tombent en ruines autour de nous et accordent un pouvoir sans précédent à ces deux espèces de rebelles que les temps ordinaires suppriment : la volonté et les idées.

Le caractère de l'époque nouvelle qui doit sortir des catastrophes de l'époque actuelle ne sera point la conséquence mécanique des forces inanimées. La volonté et les idées prendront, dans ce tourbillon, une part plus grande que celle qu'elles ont jamais prise dans n'importe quel écroulement précédent. Sans doute, la masse de l'humanité coulera encore le long des canaux du hasard, mais le désir d'un monde nouveau, d'un caractère défini, sera une force, et si elle est unanime — cette force — d'une

façon suffisamment multiple, elle pourra
même être une force directrice dans
l'établissement des temps nouveaux.

L'homme commun et l'homme vil sont
réduits par l'effroi à la docilité. Les gouvernants, les pompes, les obstacles deviennent soudain humbles, secourables,
demandant du secours. Cette époque est
une époque de plasticité incalculable.
Pour les hommes qui savent ce qu'ils
veulent, le moment est venu. C'est là
chance suprême, l'épreuve de la con-
damnation de la pensée constructive
libérale au monde.

Or, que veut faire le libéralisme ?

On a toujours accusé le libéralisme
d'être captieusement critique, désorga-
nisé, dispersé, impraticable, querelleur,
plus prêt à se résigner ou à se révolter
qu'à aider. C'est l'excuse commune de
toutes les aristocraties, bureaucraties et
dogmatismes modernes.

Ont-ils raison ? La pensée libérale doit-
elle présenter, dans cette crise mondiale

le spectacle d'un essaim de petits bonshommes chamailleurs, rejetés par le
balai stupide de l'accident brutal, ou se-
rons-nous capables, dans cette vaste catastrophe ou renaissance du monde, de
produire et d'exprimer des idées qui di-
rigeront? Tout cela ne fut-il que paroles
vaines ? Ou le projet a-t-il été mûri ? Le
nouveau monde, en réalité, doit-il être
façonné par les philosophes ou par les
Huns ?

D'abord, parlons de la paix. Les libéraux comprennent-ils que c'est l'heure,
maintenant, d'étudier le projet de la confédération et du désarmement collectif
de l'Europe, que c'est vraiment l'heure
de redessiner la carte d'Europe de telle
façon qu'il n'y ait plus de plaies ulcé-
reuses ou d'ambitions nationales inas-
souvies ? Les libéraux, en tant que
corps, vont-ils se contenter de crier :
« La paix ! la paix ! » et laisser de
côté ces questions, ou bien vont-ils s'en
occuper ?

Si le libéralisme, dans le monde entier, ne développe pas de plan d'un monde pacifié avant que les diplomates se mettent au travail, il sera trop tard. La paix peut survenir en Europe, maintenant, aussi rapidement et aussi désastreusement que la guerre.

Et, quant à la reconstruction sociale, qu'en adviendra-t-il ?

Les libéraux comprennent-ils que le système individualiste capitaliste est *maintenant* insoutenable ? On peut le ramasser sans qu'il résiste le moins du monde. Il est assommé.

Un nouvel ordre économique peut être improvisé et sera probablement, d'une façon ou d'une autre, improvisé d'ici deux ou trois ans. Quelles sont les intentions du libéralisme ? Quelle sera la contribution du libéralisme ? C'est un pauvre libéral, à mon avis, celui qui est possédé, à l'exclusion de toute autre condition, par l'idée que nous n'étions pas *légalement* obligés de combattre pour la

Belgique. C'est déjà un point, mais bien petit. Le libéralisme est quelque chose de plus grand qu'un commentaire défavorable des actes des hommes actifs.

Commençons à définir nos intentions. Empruntons, dès maintenant, un peu à la vigueur téméraire des types qui ont contribué à ce désastre.

Faisons trêve de nos sentiments les plus nobles et contenons nos passions diverses.

Redessinons la carte de l'Europe courageusement, comme nous voulons qu'elle soit redessinée, et reconstruisons la société comme nous voulons qu'elle soit reconstruite. Mettons-nous au travail tandis qu'il nous reste encore un peu de temps. Ou alors, tandis que nos belles mais futiles intelligences seront occupées, chacune de son point de vue particulier et d'un sentiment exquis, les Northcliff et les diplomates, les chuchoteurs de la Welt-Politik, les financiers, les militaristes, les intéressés dans les

armements, et le Tsar cosaque, terrifiés
par l'aube rouge inévitable de la démocratie sociale sans chefs, par le commencement de l'effroyable panique qui suivra cette grande collision, formeront
quelque monstrueux arrangement hâtif,
et le dernier état de ce monde sera pire
que le premier.

L'heure est maintenue venue d'accomplir des choses fondamentales qui, autrement, ne pourront être accomplies
avant des centaines d'années.

Si les libéraux dans le monde entier
— et en cette affaire le libéralisme de
l'Amérique est une « possibilité » surprenante — veulent insister pour qu'une
Conférence mondiale ait lieu à la fin de
ce conflit, s'ils refusent tous les arrangements partiels et les solutions simplement européennes, ils peuvent re-
dresser toutes les frontières qu'ils vou-
dront, ils peuvent réduire un millier
de conflits de race, de langue et de

gouvernement à un minimum, et établir une Ligue de la Paix qui contrôlera le globe.

Le monde sera prêt pour cela. Et le monde sera prêt, aussi, pour le bannissement de l'industrie privée des armements et de toute la vaste corruption qui se lègue, depuis toujours, d'une génération à l'autre.

Il est possible maintenant de mettre fin au kruppisme. Ce ne sera plus peut-être jamais possible.

A l'avenir, disons que les armes devront être fabriquées par l'État, et seulement par l'État ; que le sang de l'homme ne doit plus être matière à des bénéfices privés.

C'est là la seconde grande possibilité du libéralisme, étroitement liée à la première.

Et, troisièmement, nous pouvons échanger nos présentes nécessités sociales contre la réorganisation sociale la plus durable ; avec un minimum absolu d'efforts nous pouvons, dès maintenant, mettre en marche méthodes et machinerie qui assureront, pour toujours, la nourriture et le logement de la population, ainsi que l'administration de la terre, hors de l'atteinte de la gourmandise et de l'égoïsme privés.

VIII

LA CRAINTE LIBÉRALE DE LA RUSSIE

Il est évident qu'il y a, en Angleterre, une peur considérable du pouvoir et des intentions de la Russie. Il est équitable que la justification de cette peur soit discutée dès maintenant, car elle est susceptible de modifier très profondément l'attitude du libéralisme britannique et américain, à la fois quant à la continuation de la guerre et quant à l'arrangement ultime.

C'est, je crois, une peur exagérée qui naît de notre extrême ignorance des réalités russes.

Le peuple anglais s'imagine que la

Russie a plus de desseins qu'elle n'en a, qu'elle est plus concentrée, plus hostile à la civilisation occidentale. Il considère la politique russe comme si c'était une araignée, diaboliquement habile, travaillant dans un lieu sombre.

Il imagine que la colossale unification de l'État avec l'orgueil et l'ambition nationale — unification qui a rendu l'Empire allemand finalement insupportable — peut bientôt se répéter sur une échelle beaucoup plus gigantesque et que le panslavisme prendra la place du pangermanisme, en tant qu'agression directrice du monde.

C'est là une peur due, j'en suis convaincu, à des conceptions mentales erronées et à de hâtifs parallélismes.

La Russie n'est pas seulement le plus vaste pays du monde, mais aussi le moins compact ; elle est incapable de cette colossale unification. Pas avant deux siècles encore, si jamais cela arrive, sera-t-il nécessaire pour une

Europe occidentale raisonnablement unie de s'inquiéter, une fois que le prussianisme aura été dépossédé, du risque d'une agression définie de la part de l'Orient. Je ne crois pas qu'elle ait même jamais à s'inquiéter de cela.

Socialement et politiquement, la Russie est un édifice entièrement unique. Il est à la mode de parler de la Russie, comme si elle n'en était encore qu' « au XIVᵉ siècle » ou « au XVIᵉ siècle ».

En réalité, la Russie, comme tout autre pays et même toute autre chose, en est au XXᵉ siècle, et il est tout à fait impossible de trouver dans n'importe quel autre âge une organisation sociale similaire. Dans l'ensemble, elle est barbare. De quatre-vingts à quatre-vingt-dix pour cent de sa population ont un niveau de vie bien peu supérieur au niveau de ces races agricoles aryennes qui furent dispersées en Europe avant le commencement de l'histoire écrite. C'est une population illettrée. Elle est super-

stitieuse d'une façon primitive, conserva-
trice et religieuse d'une façon primitive;
elle est incapable de se protéger elle-
même dans le commerce ordinaire de la
vie moderne; contre les entreprises
d'affaire des races mieux éduquées, elle
n'a d'autre arme que les pauvres ruses
d'un paysan. Elle est, à vrai dire, une
masse sans ressources, qui n'est pas
encore éveillée.

Au-dessus de ces paysans viennent
quelques millions de gens assez bien
éduqués et activement intelligents. Ils
sont tout ce qui correspond, en tous
points, à une communauté occidentale
telle que la nôtre. Ce sont soit des « officiers », cléricaux ou laïques, dans la
grande machine gouvernementale (qui
fut consolidée principalement par Pierre-
le-Grand pour commander aux âmes et
aux corps de la masse paysanne), ou ce
sont des personnes privées, engagées
plus ou moins à regret dans cette machine.

A la tête de cet édifice, avec des pouvoirs d'intervention strictement déterminés par sa capacité individuelle, se trouve cette figure tragique, le Tsar.

C'est là, en quelques mots, la composition de la Russie, et elle ne ressemble à aucun autre État sur terre. Elle suivra des lois à elle et aura une destinée absolument à elle.

Compris dans les affaires de la Russie se trouvent certains États moins barbares. Il y a la Finlande, qui est, en comparaison, des plus civilisées, et la Pologne qui n'est pas tout à fait aussi en avance sur la Russie. Ces deux pays sont perpétuellement dans l'anxiété, sous la sotte pression d'essais stupides à les « russianiser ».

En outre, au Sud et à l'Est, se trouvent certaines provinces remplies de Juifs, que la Russie ne peut ni parvenir à tolérer, ni assimiler, qui n'ont aucun projet compréhensible pour le soutien ou la réorganisation de leur pays et qui

assourdissent tout le reste de l'Europe
du récit amer et impuissant de leurs dou-
leurs, si bien qu'il est difficille de comprendre combien leurs torts sont locaux
et partiels.

Il existe une certaine « idée russe »,
contenant en elle-même tous les moyens
d'échouer, et qui inspire la politique
générale de ce vaste État amorphe. Elle
trouva sa plus complète expression dans
les œuvres de Pobedonostseff, maintenant défunt, et elle pervertit la bureau-
cratie. Elle est obscurantiste, niant l'éducation du peuple ; elle est orthodoxe,
interdisant la libre pensée et préférant
la conformité à la valeur ; elle est bu-
reaucratique et autocratique ; elle est
panslavique, russianisante et agressive.
C'est l'« idée russe » qui effraie le libéralisme occidental, et, ainsi que je veux
le montrer, l'effraie à tort.

Je ne veux pas plaider qu'elle n'est pas
une mauvaise chose : elle est une mauvaise chose. Je veux montrer que, dis-

semblable en cela du prussianisme, elle n'offre pas un grand danger pour le monde entier.

Tant que cette idée russe, ce chauvinisme russe, dominera les affaires russes, la Russie ne pourra jamais être réellement formidable, soit pour les Indes, soit pour la Chine, soit pour les nations occidentales. Et si elle abandonne ce chauvinisme et devient moderne et formidable, elle cessera d'être agressive.

C'est là mon opinion.

Tant que la Russie aura la volonté d'opprimer le monde, elle n'en aura jamais le pouvoir ; lorsqu'elle en aura le pouvoir, elle cessera d'en avoir la volonté.

Permettez-moi d'exprimer mes raisons aussi brièvement que possible, car, si j'ai raison, un certain nombre de gens d'un esprit libéral—en Grande-Bretagne, en France, en Amérique et dans les pays scandinaves, — qui peuvent collectivement avoir une grande influence sur l'arrangement européen qui suivra cette guerre, ont tort. Ils peuvent vouloir soutenir une Autriche-Allemagne réellement dangereuse et méchante, aux dépens de la France et de la Belgique, et soumettre les populations slaves, dans leur crainte de cette Russie qui ne peut jamais être à la fois méchante et dangereuse.

Permettez-moi d'abord de faire remarquer ce que la guerre du Transvaal démontra, et ce que le conflit prodigieux qui se déroule en Belgique et en France prouve déjà, c'est-à-dire que le jour du soldat dépourvu d'intelligence est passé ; que des hommes qui sont animés et individualisés peuvent, dans les conditions modernes, se battre mieux que des hommes qui sont dépourvus d'intelligence et obéissants. Le métier du soldat devient plus spécialisé. Il réclame le maniement intelligent d'armes si élaborées et si destructives que les grandes masses

d'hommes en campagne sont plus un encombrement qu'une force. Les batailles
doivent s'étendre et le commandement
cède la place à l'initiative individuelle.

Par conséquent, la Russie ne peut
devenir assez puissante pour renverser
un autre pays européen civilisé qu'en
élevant son niveau d'éducation et d'initiative, et ceci ne peut être fait qu'en
abandonnant ses méthodes obscurantistes, en se *libéralisant*, pour ainsi dire,
à la façon de l'Europe occidentale.

C'est-à-dire, elle devra apprendre à
lire à sa population, multiplier ses écoles et augmenter ses universités ; et cela
fera une Russie entièrement différente
de celle que nons craignons.

Cela implique un relâchement notable
de l'emprise orthodoxe, une modification
au système intellectuel officiel, un abandon de l'autocratie quasi religieuse ; en
un mot, l'abandon complet de l' « idée
russe » telle que nous la connaissons.

Et cela implique aussi un plus grand

développement de la conscience locale
de soi.

La Russie semble homogène en ce
moment, parce qu'elle est si ignorante
dans la masse, qu'elle ne s'aperçoit pas
de ses différences ; mais une Russie
éduquée, c'est une Russie dans laquelle
les Ruthéniens et les Grands Russes,
les Lettons et les Tartares s'apercevront
mutuellement de leurs torts et se criti-
queront les uns les autres,

L'idée russe existante devra nécessairement céder la place à une idée beaucoup plus démocratique, tolérante et
cosmopolite de la Russie, en tant qu'ensemble, si la Russie doit sortir de sa
barbarie et rester unie.

Il n'existe pas de sentiment bon
marché, genre *Deutschland über alles*,
tout confectionné. La vertu nationale
s'élève d'elle-même contre cela. La
patience sous le régime du patriotisme
est une faiblesse allemande. Les Russes
ne pourraient pas plus continuer à chan-

ter sans cesse : « La Russie, la Russie
au-dessus de tout » que les Anglais ne
pourraient continuer à chanter : « Rule,
Britannia (1) ». Cela leur semblerait fas-
tidieux.

Il n'est pas une peuplade de Russie
dont le tempérament puisse permettre
de justifier cette conviction que les
Russes feront preuve sur une plus large
échelle d'une docilité même égale à celle
que les Allemands montrèrent sous le
régime prussien.

Quiconque a vu les Russes, quiconque
a eu l'occasion de comparer Berlin à
Petrograd ou à Moscou, ou quiconque
connaît quelque chose de l'art russe ou
de la littérature russe, ne pourra s'imaginer ce peuple naturellement sage, gai
et impatient, capable de copier la culture égoïste, abrutie par l'exercice et
sans âme de l'Allemagne, ou les vulga-
rités politiques de Potsdam.

(1) Gouverne, Britannia.

Nous vivons en un monde terrible, je l'admets, mais le prussianisme, il faut bien l'admettre aussi, est de ces choses qui n'arrivent pas deux fois.

La Russie est barbare substantiellement. Qui peut le nier? Elle est plutôt la substance d'un État qu'un État elle-même. Mais les habitants de l'Europe occidentale, lorsqu'ils écrivent sur la Russie et les Russes, écrivent toujours comme si les qualités naturelles à la barbarie étaient des qualités inhérentes au sang russe.

La Russie a ses massacres, parfois même de connivence avec le monde offi-ciel. Mais la Russie dans toute son his-toire n'a pas de massacres aussi abomi-nables que ceux dont nous autres, gentils Anglais, fûmes coupables en Irlande, aux XVIe et XVIIe siècles. La Russie, aussi, « russianise » parfois maladroitement, parfois cependant plu-tôt heureusement. Mais l'Allemagne a

cherché à germaniser — en Bohême et
en Pologne, par exemple — avec une
violence et un insuccès évidents. Nous,
nous avons « anglicisé » l'Irlande.

Ces efforts violents à créer l'unifor-
mité sont naturels à une phase de développement social et politique, dont aucun
peuple sur terre ne s'est encore complètement affranchi. Et si nous nous
mettons maintenant à créer une Pologne
unie sous la couronne russe, si nous
apportons toute la grande influence des
Puissances occidentales pour faire poids
du côté des forces libérales en Finlande,
si nous n'essayons pas de contrarier et
d'étouffer la Russie en fermant sa sortie
légitime dans la Méditerranée, nous
ferons infiniment plus pour le bonheur
humain que si nous nous défions d'elle,
que si nous lui créons des obstacles et la
rejetons dans la barbarie dont, avec une
sorte d'aveugle et pathétique sagesse,
elle cherche à sortir.

Il est malheureux pour la Russie

qu'elle se soit engagée dans un conflit évident avec les Juifs, Elle ne les a certainement pas traités plus mal qu'elle n'a traité son propre peuple, et elle les a traités moins atrocement qu'ils ne furent traités en Angleterre, au moyen âge.

Les Juifs, à cause de leur particularisme, s'attirent le courroux de toute l'humanité non éduquée, La civilisation, et non point la révolte, les émancipera. Et alors que les revers de la Russie retarderaient sa civilisation et augmenteraient les souffrances de tous ses sujets juifs, les succès russes, dans cette alliance, signifieront certainement pour eux l'occidentalisation, le progrès et l'amélioration.

Mais, malheureusement, ceci ne semble pas être compris par beaucoup de cerveaux juifs. Ils ont été troublés par leurs torts et, dans la presse anglaise — et encore plus dans la presse américaine — un poids très lourd de plaintes contre la Russie trouve écho et dénature fâcheusement l'issue du conflit actuel.

Tandis que nous ne sommes encore qu'au début de cette lutte pour la vie contre l'Empire allemand prussianisé, en vue d'échapper au militarisme qui lentement a étranglé la civilisation, ce serait un grand malheur que ce ressentiment social qui, si grand qu'il soit, n'est encore qu'une petite chose auprès des issues mondiales en jeu ; il ne faudrait pas qu'il rompît le front uni de la civilisation occidentale et que la confiance de la Russie fût menacée, comme elle est menacée en ce moment, par le doute et le dénigrement, dans la presse anglaise et américaine.

Nous ne sommes pas si sûrs de la victoire que nous puissions nous aliéner une alliée. Nous avons à nous habituer à cette idée que toute la Pologne sera réunie sous la couronne russe, et que si les Turcs sont assez fous pour jouer un rôle qui leur sera défavorable (1), ce n'est pas à nous de discuter au sujet du sort de Constantinople.

Les Alliés ne doivent pas se laisser aller à quereller à cause de Constantinople. L'équilibre du pouvoir dans les Balkans, c'est-à-dire l'incessante intrigue entre la Russie et l'Autriche, a arrêté pour un siècle la civilisatien de l'Europe sud-orientale. Que cet équilibre s'écroule. Une Russie sans aucun pays concurrent sera un frein merveilleux et n'offrira pas le moindre danger à la nouvelle Serbie agrandie, à la nouvelle Roumanie agrandie et à la Bulgarie agrandie et restaurée, que cette guerre rend possibles.

Il n'y a qu'un seul pays civilisé que la Russie « menace » réellement, et ce pays c'est la Suède. La Suède a de vastes mines de charbon et de fer si-

---

(1) Ce chapitre était écrit quelques jours avant que les Turcs prissent place aux côtés de nos ennemis. (Note du traducteur.)

tuées à portée de la Russie. Et j'avoue que je ne regarde pas sans une certaine terreur la Scandinavie, en ce moment.

La Suède est le seul pays européen où se trouve un parti militariste germanophile, et elle peut se laisser tenter — je ne sais pas jusqu'à quel point même elle n'a pas été tentée déjà — d'entrer, elle et la Norvège, dans la lutte européenne du côté allemand.

Si elle fait cela, notre gouvernement ne sera pas peu à blâmer pour ne pas lui avoir donné (et obligé la Russie à lui donner) l'assurance conjointe la plus forte de respecter à jamais son intégrité. Mais si les pays scandinaves s'abstiennent de toute participation dans la guerre actuelle, je ne vois pas ce qui nous empêcherait, avec la France et la Russie, de faire la déclaration la plus publique, la plus définitive et la plus absolue de notre intérêt commun dans l'intégrité de la Suède et de notre résolution de la préserver.

A part cela, je ne vois dans la Russie aucun danger pour la civilisation — du moins aucun danger aussi considérable que ce pouvoir de Kaiser-Krupp, que nous combattons sans merci.

Cette guerre, même si elle nous amène les plus grandes victoires, laissera toujours la Russie face à face avec une Allemagne unie et châtiée. Car il faut se rappeler que la chute du prussianisme et le démembrement de l'Empire austro-hongrois, laisseront l'Allemagne allemande non pas plus petite, mais plus grande qu'elle n'est en ce moment.

Pour les Indes, décemment gouvernées et défendues, avec un niveau éducateur plus élevé que le sien propre, et trois fois sa population, la Russie, ne peut être dangereuse qu'à la suite de fautes énormes gouvernementales de notre part, et son pouvoir d'intervention en Chine sera réduit pour de nombreuses années.

Mais tous nos pouvoirs d'intervention

en Chine, d'ailleurs, seront réduits pour de nombreuses années. La possibilité de pouvoir respirer et songer enfin tranquillement à la reconstitution chinoise sera l'un des bienfaits les plus immédiats et les moins équivoques de cette guerre. A moins que les Chinois ne soient bornés au point de ne rien vouloir apprendre — et seuls des gens stupides peuvent les supposer une race stupide, — la Chine de 1934 ne sera pas une Chine dans les affaires de laquelle nous ou la Russie devrons fourrer notre nez.

Ainsi, de quel côté, dans le monde entier, existe-t-il donc un danger russe?

Le danger d'une domination kruppkaisérienne du monde entier, est, pour l'instant, beaucoup plus immédiat.

La défaite, ou même une victoire partielle des Alliés, ne signifierait pas autre chose.

IX

UN APPEL AU PEUPLE AMÉRICAIN

Cet appel vous vient de l'Angleterre en guerre, et il vous est adressé parce que c'est sur votre nation que repose l'issue de ce conflit.

L'influence de vos États sur sa nature et sa durée doit nécessairement être énorme, et au moment où il finira vous pouvez jouer un rôle tel qu'aucune nation n'en a jamais joué depuis le commencement du monde.

Car c'est à vous qu'il reste d'établir et d'assurer ou de refuser d'établir ou d'assurer la paix permanente du monde, lors de la clôture finale de la guerre.

Cet appel vous vient d'Angleterre.
mais ce n'est pas un appel aux anciennes
associations ou aux affinités de race.
Votre langage ordinaire c'est évidemment l'anglais, mais votre nation a depuis longtemps dépassé ces premiers
liens : elle s'est unifiée ; le sang de tous
les peuples américains se mêle dans
l'unité de vos États, et c'est à la grandeur de votre avenir, plutôt qu'aux accidents de vos premiers débuts, à l'humanité qui est encore en vous, et non
à l'Anglais l'Irlandais, l'Ecossais, le
Gallois qui y sont aussi que cet appel
est fait.

La moitié du monde est en guerre ou
à la veille de la guerre ; il est impossible que vous méprisiez ce conflit ou
que vous vous en détourniez. Votre participation à l'arrangement ultime qui
établira ou détruira le bien-être de l'humanité pour les siècles à venir est inévitable.

Nous vous demandons de nous juger,

d'écouter patiemment notre cas, et lors
du jugement de n'exercer l'immense
pouvoir décisif que vous détenez ni hâti-
vement ni inconsidérément. Car nous
ne nous cachons pas que vous pouvez
réduire à néant tous nos espoirs engagés dans ce conflit.

Vous êtes un peuple plus de deux fois
plus nombreux que nous ne sommes,
et cependant vous n'êtes qu'au commencement de ce que vous devez être, avec,
devant vous, une perspective très claire
d'expansion qui se rit des étroites limites de nos petites îles, avec des sources de développement, de richesse et de
puissance illimitées et encore à peine
exploitées.

Vous êtes déjà arrivé à une époque
où une certaine magnanimité vous sied,
dans vos rapports avec nous, au sujet
des affaires européennes.

Or, tandis que vous, par suite de votre
heureuse position et, par suite des relations saines et fraternelles qui sont de-

venues une tradition fixe tout le long de votre frontière du nord — tradition dans l'établissement de laquelle, nous autres Anglais, nous eûmes notre part — tandis que vous vivez affranchi de la vue et du fardeau des préparatifs militaires (affranchi à tout jamais, ainsi qu'il semble), l'Europe entière a dû se courber, durant plus d'un demi-siècle, sous un fardeau d'armements sans cesse plus lourd.

Pendant de nombreuses années l'Europe n'a rien été d'autre qu'un vaste camp armé, avec des millions d'hommes continuellement sous les armes, avec la crainte de la guerre empoisonnant universellement sa vie, avec son éducation appauvrie, son développement social considérablement retardé, avec la gêne pour tout commerce qui n'était pas relatif à son équipement guerrier.

Il serait tout à fait fou de rejeter le blâme de cet état de choses sur telle ou telle nation en particulier ; cela s'est développé, comme la plupart des grands maux se développent, c'est-à-dire graduellement.

On peut remonter dans l'histoire jusqu'à la guerre de Trente ans, jusqu'à ces noms de Frédéric-le-Grand, Napoléon Ier Napoléon III, Bismarck ; qu'importe maintenant qui commença la chose et qui fut le plus à blâmer ? Nous sommes, aujourd'hui, en face du fait accompli et c'est à lui que nous avons affaire.

Mais nous autres Anglais, nous affirmons que c'est le gouvernement de l'Empereur allemand qui a, ces quarante dernières années, pris la tête et forcé le pas dans ces affaires ; qui nous a conduits, nous Anglais, à ajouter les navires de guerre aux navires de guerre, dans une concurrence impitoyable pour conserver cette prédominance sur mer dont notre existence comme peuple libre dépend, et qui a excité la force de la France au delà de toute endurance humaine, si bien que l'éducation et le bien-être de

son peuple souffrirent gravement, si
bien que Paris est aujourd'hui visible-
ment une ville appauvrie et surtaxée. Et
c'est cette crainte perpétuelle de la force
armée de l'Allemagne qui a obligé la
France à des alliances et des combinai-
sons qu'autrement elle aurait certainement évitées.

N'essayons pas de nier la grandeur
de l'Allemagne et des contributions de
l'Allemagne à la science, à l'art, à la
littérature et à tout ce qui est bien dans
la vie humaine. Mais les mauvaises
influences peuvent obscurcir les plus
beaux et les meilleurs peuples — et c'est
précisément le cas qui nous occupe.
Depuis ses victoires de 1870, l'Allemagne a été obsédée par l'adoration de la
force et de la gloire matérielle et le
dédain du droit et de la justice ; elle
a été menaçante et insupportable au
monde entier.

Il y a eu chez elle une vague de
cynisme et de brutalité nationale, un

mépris déclaré des traités et des paroles
données, si bien que toute l'Europe s'est
trouvée inquiète et apeurée. Et personne
de nous n'étant saints — et certainement aucune nation n'est sainte — nous
avons montré notre ressentiment, et il
n'y a pas un pays, en Europe. qui n'ait
montré son ressentiment de cette menace perpétuelle de l'Allemagne.

Maintenant. enfin et soudainement,
la chose est venue à passer et l'Allemagne est en guerre.

A cause d'un meurtre commis par un
de ses propres sujets, l'Autriche déclara
la guerre à la Serbie. la Russie arma,
pour protéger un pays allié, et alors,
avec la rapidité que lui permettaient des
années de préméditation, l'Allemagne
déclara la guerre à la Russie et visa la
France, frappant la paisible terre belge
— petit pays que nous autres, Anglais,
avions donné notre parole de protéger,
petit pays qui n'avait jamais fourni à
l'Allemagne le moindre prétexte d'hosti-

lité — dans l'espoir de trouver la France
pas encore prête.

Naturellement nous partîmes en
guerre. Si nous ne l'avions pas fait,
pourrions-nous ensuite, nous Anglais,
regarder jamais le monde en face?

Et c'est presque sans une seule voix
discordante que l'Angleterre est en
guerre. Jamais le peuple britannique ne
fut aussi unanime; toute l'Irlande est
avec nous et la conscience du monde
entier. Et, maintenant que cette guerre
est commencée, nous sommes résolus à
mettre fin au militarisme dans le monde
entier pour toujours.

Nous ne nous battons pas pour détruire l'Allemagne; c'est la ferme résolution de l'Angleterre de ne permettre
qu'aucune nouvelle « province con-
quise » n'assombrisse l'avenir de l'Europe. Quoi qu'il arrive, toute l'Allemagne
allemande sortira de cette guerre entière et toujours allemande. Elle pourra
avoir à rendre ses propres « conquêtes »,

ses Polonais et autres peuples soumis,
mais c'est là le plus que nous lui de-
manderons. Avec l'accession de l'Autriche, l'Allemagne peut même sortir
de cette guerre plus grande qu'au commencement.

Nous n'avons pas de haine pour les
choses allemandes, ni pour le peuple
allemand. Mais nous combattons pour
briser définitivement cette formidable
machine — cette machine de combat
qui a été pour toutes les autres nations
d'Europe une oppression telle qu'aucun Américain de naissance ne le peut
rêver.

Nous combattons pour mettre fin au
Kaiserisme et au Kruppisme pour toujours. C'est là, brièvement et clairement, notre cas et notre but.

Maintenant arrivons à la substance
immédiate de cet appel.

Nous ne vous demandons pas votre
concours militaire. Conservez la paix
dont vous avez la chance sans pareille

de jouir en toute sécurité. Mais con-
servez-la loyalement.

Rappelez-vous que nous combattons
en ce moment pour notre existence nationale et que, cette nuit, tandis que
j'écris, à cent cinquante kilomètres environ de l'endroit où je suis, les sombres
navires cherchent leur chemin entre les
mines flottantes dont les Allemands ont
parsemé la mer du Nord, et que nos
fils, avec les fils de la Belgique et de la
France, sont côte à côte, non pas par
centaines, mais par milliers, rang par
rang, ligne par ligne, face à face avec
le trépas.

Tandis que j'écris ceci, la moisson de
la mort mûrit.

Rappelez-vous notre cas tragique.
L'Europe est remplie de la détermination implacable de mettre fin à ce mal
pour toujours: elle se plonge tristement
et amèrement dans les monstruosités
cruelles de la guerre, et, certainement,
il y aura peu d'acclamations pour les

vainqueurs de quelque côté que soit,
en définitive, la victoire.

A la fin nous croyons des plus ferme-
ment que sera établie une nouvelle
Europe, une Europe affranchie des op-
pressions irritantes, avec une Pologne
libre, une Finlande libre, une Allemagne libre, les Balkans reconstitués,
les petites nations sauves et la paix
assurée.

Et c'est d'une importance suprème
que nous vous demandions dès maintenant :

— Qu'allez-vous faire durant toute
la lutte et que ferez-vous à la fin ?

Il est une chose, nous a-t-on dit en
Europe, que vous avez l'intention de
faire, une chose qui m'a incité à écrire
cet appel, une chose qui n'est pas seulement une chose étrange par elle-
même, mais qui peut bientôt être sui-
vie par d'autres idées similaires.

Quoi qu'il arrive, toutes les forces
libérales en France et en Angleterre

sont résolues à respecter la liberté de la Hollande. Mais la position de la Hollande, ainsi que vous pouvez le voir dans n'importe quel atlas, est très particulière dans cette guerre.

Le Rhin coule le long de l'arrière de la ligne de bataille allemande comme s'il était un canal devant servir à alimenter cette ligne, et il passe ensuite en Hollande, gagnant la mer par Rotterdam. Si bien qu'il est vraiment possible à toute Puissance neutre, telle que la vôtre, de déverser tout un approvisionnement régulier de nourriture et de matières de guerre presque jusqu'entre les mains des troupes de la ligne combattante.

Même si nous gagnions toutes les batailles, ceci diminuerait énormément nos chances de mettre fin à la guerre. Mais cependant nous souffrirons cela ; c'est le droit de la Hollande d'approvisionner les Allemands de cette façon, et nous ne pouvons l'en empêcher sans commettre précisément un outrage aux lois des nations tout à fait semblable à celui dont fut coupable l'Allemagne en envahissant la Belgique.

Et c'est là, évidemment, que votre pays entre en scène.

Dans vos ports se trouve un nombre considérable de grands vaisseaux allemands qui n'osent pas s'aventurer en mer à cause de notre flotte. Il a été proposé, nous dit-on, que ces vaisseaux soient achetés par des citoyens américains, qu'une législation spéciale facilite leur transfert sous votre pavillon, qu'ils soient ensuite chargés de nourriture et de matériel de guerre, puis envoyés à travers l'Atlantique et à travers les détroits — ces détroits, qu'au prix de plus d'un croiseur et de nombreux hommes nous avons péniblement débarrassés du contact des mines allemandes — pour obtenir des prix de guerre à Rotterdam et approvisionner nos ennemis.

C'est, nous l'avouons, une jolie chose

à faire. Elle procurera à votre peuple,
non seulement de gros profits immédiats, mais encore, du même coup, toute
une marine marchande, elle prolongera
certainement la guerre et cela signifiera, certainement, le massacre de
milliers et de milliers de jeunes Allemands, Anglais, Français et Belges
qui autrement auraient pu y échapper.

C'est votre droit légal et nous vous
dirons dès maintenant que nous refusons
de discuter avec vous sur ce sujet, mais
nous vous demandons de ne pas vous
offenser trop facilement si nous trahis-
sons un certain manque d'enthousiasme
pour cette idée.

Et après que vous aurez commencé des
entreprises de ce genre, que pourrez-vous
faire pour l'humanité et la paix ultime
du monde? Vous savez que le Tsar a
rendu la liberté à la Finlande et promis
de réunir les fragments brisés de la Pologne en un royaume libre, mais probablement vous ne savez pas que lui et

l'Angleterre se sont engagés à respecter
et à protéger contre l'une et l'autre et
le monde entier l'autonomie de la Norvège et de la Suède, ainsi que les vastes
et tentantes richesses minérales sué-
doises de la frontière russe.

Nous vous demandons de ne pas être
cyniques au sujet des promesses du Tsar
et d'être prêts à nous aider, nous, la
France et lui-même, à veiller à ce que
ces promesses deviennent des réalités.
Et celle envers la Scandinavie n'est pas
seulement la promesse du Tsar, mais
la nôtre.

Cette guerre est plus qu'une guerre
d'armées, c'est un grand soulèvement
moral, et vous ne devez pas juger de
l'esprit de l'Europe d'aujourd'hui par
l'histoire de sa diplomatie.

Quand cette guerre sera finie toute
l'Europe demandera à grands cris le
désarmement.

L'aiderez-vous, alors, à cette chose,
ou étoufferez-vous ses cris ?

En Europe, nous essaierons d'exterminer cet énorme commerce privé en matériel de guerre, ce « Kruppisme » qui se trouve si prêt des racines de cette monstrueuse calamité.

Nous ne pourrons accomplir cela si vous ne le faites aussi.

Êtes-vous prêt à le faire ?

Êtes-vous prêt à prendre part à une conférence, à la fin de cette guerre, pour assurer la paix du monde, ou vous tiendrez-vous à l'écart, pour nous créer de nos perplexités mondiales des difficultés, nous ravir nos avantages, épiloguer, du haut de votre sécurité infinie, sur nos alliés, et, peut-être, dans la crise de notre lutte, entrer dans une querelle avec nous, au sujet de quelque affaire secondaire ?

Jouerez-vous, véritablement, le rôle d'un petit peuple simplement nombreux, peuple commerçant avant tout et facilement coléreux, ou jouerez-vous le rôle d'une grande nation dans cette lutte de vie et de mort des civilisations du vieux monde ?

Êtes-vous prêt à prendre, dès maintenant, la place à la tête des nations à laquelle votre grandeur et votre liberté vous désignent ?

Ce n'est pas pour nous que nous vous faisons cet appel ; c'est pour l'avenir entier de l'humanité.

Et nous le faisons avec d'autant plus d'assurance que votre Gouvernement, déjà, s'est déclaré en faveur de la paix et de l'observation des traités contre de vils avantages.

Déjà les blessures de nos morts appellent vers vous.

LE BON SENS ET LES ÉTATS BALKANIQUES

Les États balkaniques n'ont jamais été un problème, ils n'ont été qu'une partie d'un problème. C'est pourquoi aucun être humain n'a encore produit, même sur le papier, une solution qui puisse être acceptable pour un autre être humain.

S'essayer à résoudre les affaires balkaniques en laissant l'Empire austro-hongrois hors du problème, c'était absolument comme si l'on avait voulu s'occuper, d'une façon globale, d'un certain nombre de cas de maladies tout en laissant de côté la tête et les épaules d'un

malade, les jambes d'un autre, l'abdo-
men d'un troisième.

Le résultat ne pouvait être meilleur.

L'ensemble du peuple serbe et une
grande partie des Roumains étaient
compris dans le système austro-hongrois et ce fut l'opposition autrichienne
à tout développement de la Serbie vers
l'Adriatique qui obligea absolument ce
pays à entrer dans le malheureux conflit avec la Bulgarie.

Maintenant tout est changé.

Le peuple anglais n'a pas besoin de
s'inquiéter plus longtemps des suscep-
tibilités autrichiennes, et non seulement
nos intérêts mais nos nécessités les plus
urgentes marchent de pair avec les ambitions raisonnables des quatre nations
balkaniques.

Commençons par écarter un certain
nombre de bêtises qui sont dites et qui
sont crues vraiment trop facilement par
beaucoup de jeunes gens au sujet de
ces deux États.

C'est trop la coutume d'écrire et de parler de la Serbie et de la Bulgarie comme si elles étaient des communautés presque incurablement barbares et criminelles, incapables de participation dans la camaraderie des nations européennes.

On permet à l'assassinat du roi et de la reine de Serbie, au crime de Sarajevo, à la sotte attaque de la Bulgarie contre la Serbie (qui aboutit à la rupture de la Ligue balkanique et aux cruautés et barbaries sans fin de la guerre en Macédoine) de peser trop lourdement dans la balance en regard du besoin très clair d'une nouvelle et plus grande Serbie réunie, d'une Bulgarie restaurée et de la perspective raisonnable d'une Ligue balkanique réhabilitée.

Il n'est pas possible d'éliminer les faits terribles de ces crimes et de ces cruautés. Mais ils doivent être considérés dans une juste proportion avec les issues formidables qui sont en jeu actuellement dans le monde.

Rappelons quelques chiffres qui permettront de fixer la balance.

Le peuple serbe compte plus de dix millions d'habitants et les Roumains autant ; il y a plus de vingt millions de Polonais et peut-être plus de sept millions de Bulgares. Les Tchèques et les Slovènes forment un total de six à sept millions ; les Magyars dépassent dix millions et les Ruthènes, encore sous le contrôle autrichien, sont au nombre de quatre millions.

Il devient manifeste, pour tout lecteur raisonnable, que très peu de ces soixante ou soixante-dix millions de gens sont susceptibles d'être socialement et politiquement satisfaits tant qu'ils ne se seront pas débarrassés d'une soumission immédiate à des souverains étrangers parlant des langues étrangères, ne possédant pas l'âme de leur pays, et il est également manifeste que tant qu'ils ne seront pas raisonnablement satisfaits, la paix du reste de l'Europe restera incertaine.

Ainsi, c'est sur ces régions que repose la paix de l'Angleterre, de la France, de l'Allemagne, de la Russie et de l'Italie.

La vie, par conséquent, de centaines de millions de gens doit être soumise, en bien ou en mal, à la pacification et au redressement raisonné des frontières de l'Europe sud-orientale.

Dans ce redressement raisonné de frontières et cette pacification nous nous occupons, en réalité, d'affaires si gigantesques que le simple assassinat de telle personne ou le crime de telle autre s'évanouissent presque jusqu'à la totalité.

Ce serait évidemment stupide que le meurtre du jeune roi, si peu sage, qui subordonnait les destinées de sa nation à une affaire d'amour romanesque (meurtre accompli non pas par une nation entière, ni même par une foule, mais par moins d'une centaine d'officiers qui étaient à peu près aussi patriotes qu'ils étaient cruels) ou même le nid de conspiration qui tua l'archiduc François-Ferdinand puissent servir d'obstacle à la libération et à l'unité de millions de Serbes auxquels ces choses furent aussi étrangères qu'au premier fermier anglais venu.

Toutes les nations ont eu leur phase criminelle et sanguinaire. Les personnes anglaises et américaines qui professent une telle horreur des crimes de la Serbie et des manières de la Bulgarie doivent être terriblement ignorantes de l'histoire de l'Écosse et de l'Irlande et du côté sombre de la destinée des Peaux Rouges.

Si la conspiration et le crime eurent cours en Serbie, n'y eut-il point des Fénians en Irlande et en Amérique?

Nous autres Anglais, en tout cas, nous n'avons pas permis aux crimes hautement organisés de Phœnix Park d'engloutir à jamais la liberté de l'Irlande ou de causer une guerre injuste avec l'Amérique.

Plus tôt, nous autres Anglais et Américains, ferons disparaître de notre esprit cette hypocrisie contre toute la race serbe (que nous inspirent les quelques horreurs inévitables dans un état de trouble barbare), plus tôt nous pourrons aider ces peuples à atteindre la liberté et la sécurité qui, seules, peuvent rendre cette barbarie impossible.

Il serait tout aussi raisonnable de vouer une haine immortelle et une vengeance impitoyable à toute la race de langue allemande (de soixante-dix millions environ) à cause de l'incendie, des atrocités et de la tuerie de Liége.

Les nations opprimées, les races outragées sont les forteresses de la cruauté rancunière.

Cette guerre n'est certainement pas un mélodrame de cinématographe. C'est même tout le contraire.

La mort de la reine Draga et de l'archiduc François-Ferdinand ont à peine place dans ce tableau.

Ce n'est pas l'affaire de la politique de venger le passé, mais de s'occuper des possibilités du présent et de l'espoir de l'avenir.

Et la possibilité du présent qui nous est ouverte, c'est d'amener le rétablissement de la Ligue balkanique et de nous identifier avec les espoirs raisonnables de ces peuples renaissants.

Dans ce rétablissement l'Angleterre peut jouer un rôle actif et dirigeant.

La rupture de la première Ligue balkanique fut un profond désappointement pour l'opinion libérale dans le monde entier ; mais ce ne fut pas un désastre irrévocable. La surprise c'eût été en réalité, non pas la rupture mais l'union. Et la rupture elle-même fut, en très grande partie, due à l'opposition contre la Serbie, non de la part de ses associés, mais de la part de l'Autriche.

Or, l'Autriche est tout à fait hors de considération. Pour la Roumanie et pour chacune des trois puissances balkaniques il y a un avantage clair, honorable et raisonnable dans un accord commun et une action concertée avec nous en ce moment.

Il y a de manifestes compensations pour la Grèce en Épire, les îles et — nous pouvons l'accorder — Chypre.

Pour la Bulgarie, une rectification généreuse de la Macédoine ne manquerait pas d'intérêt.

L'expansion naturelle des deux États du Nord a déjà été indiquée. Et la Turquie ayant été assez sotte de « gaffer » dans cette crise, d'autres réajustements désirables et très naturels sont devenus possibles.

Ce qui retient ces États d'une action concertée avec nous, en ce moment, c'est simplement les méfiances et les inimitiés créées par la rupture de la première Ligue balkanique.

Ils hésiteront à s'accorder une confiance mutuelle. Mais ils se fieront à l'Angleterre.

Ils prendraient volontiers place à une conférence dans laquelle l'Angleterre, la Russie et l'Italie seraient représentées, et à laquelle l'Angleterre, la Russie et l'Italie apporteraient l'assurance d'un arrangement permanent et la promesse de conclure, en un jour, le moindre détail de leurs frontières projetées.

Ils formeraient une paix qui durerait un siècle.

L'Angleterre pourrait faire plus que les réconcilier ; elle pourrait leur donner de l'argent.

L'attaque contre Vienne et le front oriental allemand s'en trouverait renforcée immédiatement de six ou sept cent mille soldats aguerris.

De plus, il est à peine possible que l'Italie puisse refuser d'entrer dans cette guerre si une Ligue balkanique reconstituée le fait (1).

Avec les Serbes en Dalmatie, il serait,

(1) Les événements ont justifié cette prévision de H.-G. Wells.

en outre, à peine possible de laisser les Italiens hors de Trieste et de Fiume, et, bien avant que l'avalanche russe — tant attendue — ait atteint Berlin, cette attaque méridionale aurait pu gagner Vienne.

Le moment où cette guerre pouvait être restreinte est passé depuis long-temps et tout nouveau soldat qui entre dans l'action abrège la souffrance de l'Europe.

Mais ce n'est pas aux avantages mi-litaires immédiats d'une Ligue balka-nique que je m'intéresse le plus.

Une Ligue balkanique de la paix, pour la protection mutuelle des Balkans, sera une nécessité absolue dans une Europe régénérée. Elle sera nécessaire à la tranquillité du monde. Elle sera néces-saire si le fermier d'Angleterre et de France veut garder son bétail en paix; elle sera nécessaire si les gens doivent être prospères et heureux à Chicago comme à Yokohama.

Peut-être ces mots : « Ligue balka-

nique » sont-ils maintenant insuffisam-
ment extensibles, puisque la Roumanie
ne fait pas partie de la péninsule balkanique et que l'Italie doit nécessairement
être comprise dans tout accord durable ?

Mais il est clair que la constitution de
l'Europe sur des lignes libérales entraîne
la création de ces divers États, de dix
à vingt millions d'habitants chacun,
aucun d'eux n'étant assez puissant pour
être en sécurité par lui-même, mais
s'élevant dans l'ensemble à la plus
grande force d'Europe, et il est également clair qu'ils doivent être attachés
les uns aux autres par une compréhension et un lien communs.

Il ne peut y avoir aucun doute sur la
très sérieuse complication de toutes ces
possibilités par les intérêts dynastiques
qui se sont malheureusement établis
dans ces nouveaux États.

Il est malheureux que nous n'ayons
pas à compter seulement avec des peuples mais avec des rois.

Une monarchie telle que celle de la
Serbie ou de la Bulgarie resserre, per-
sonnifie, intensifie et dénature le sentiment national. Les haines nationales
et les ambitions nationales peuvent, sans
aucun doute, avoir parfois de très malignes influences sur les affaires du
monde, mais c'est la gourmandise et la
vanité de monarques exceptionnels —
des Napoléon, des Frédéric-le-Grand, et
autres du même genre — qui mènent
ces sentiments vagues et vastes à bout
et les entraînent à une crise.

Et ce seront ces mêmes buts concen-
trés et sur-individualisés, ces petits
dieux de la pièce de monnaie et du
timbre-poste qui s'opposeront le plus à
une « Schweitzerisation » et pacification de l'Europe sud-orientale. Plus, en
Europe, on reconnaîtra cela clairement,
dès maintenant, moins ils seront susceptibles de faire obstacle à un arrangement raisonné.

De notre côté, du moins, cette guerre-ci est une guerre de nations et non de princes.

C'est pour cette raison que nous devons rendre la discussion de ces arrangements nationaux aussi ouverte et aussi publique que possible.

Ce n'est pas là une affaire pour les petits arrangements tranquilles des diplomates. Ce n'est point non plus une chance inespérée pour les rois.

Tous les peuples civilisés de la terre doivent se former une idée des lignes générales sur lesquelles une Europe pacifique pourra être établie, une idée claire et assez forte pour empêcher et surmonter les manœuvres des chancelleries.

Les nations elles-mêmes devront devenir, et très énergiquement, les gardiens de la paix commune.

En Italie, à vrai dire, c'est déjà le cas.

La monarchie italienne est une monarchie forte et libérale, sûre de la confiance de son peuple ; mais même s'il n'en était pas ainsi, c'est un fait très évident qu'aucune trahison de la part de ses dirigeants, quelle qu'elle fût, ne forcerait les Italiens à faire la guerre à la France dans l'intérêt de l'Autriche et de la Prusse.

Je doute aussi que le roi actuel de Bulgarie puisse se permettre de « gaffer » à nouveau, comme il le fit si bien contre son intérêt propre et contre l'intérêt de son pays, après la première guerre balkanique (1).

Le monde s'éloigne lentement du nationalisme de Cour pour s'approcher d'un but national collectif.

C'est à la force entière du libéralisme occidental de se jeter du côté de ce mouvement, et en aucune façon il ne pourra rendre sa force aussi effective qu'en soutenant en ce moment la promotion franche et énergique d'une nouvelle et plus grande Ligue balkanique.

(1) Malheureusement, le doute caché sous l'indication de H.-G. Wells est devenu réalité.

XI

LA GUERRE DE L'ESPRIT

Toutes les réalités de cette guerre sont des choses de l'esprit.

C'est là un conflit de culture et ce n'est rien de plus.

Toute la peine et la fatigue du monde, la crainte et l'anxiété, le sang versé et la destruction, les cadavres innombrables d'hommes et de chevaux en morceaux, la puanteur de la putréfaction, la misère de centaines de millions d'êtres humains, le gaspillage de l'humanité, tout cela n'est que la conséquence matérielle d'une fausse philosophie et d'une pensée sotte,

Nous ne combattons pas pour détruire une nation, mais un nid d'idées mauvaises.

Nous combattons parce que toute une nation est devenue obsédée par l'orgueil, par le cynisme et la vanité de la violence, par cette mauvaise suggestion d'écrivains de troisième ordre — tels que Gobineau et Stewart Chamberlain — laissant entendre qu'elle était un peuple d'une excellence particulière appelé à dominer la terre, par l'offre vile d'avantages en fausseté et en trahison offerts par des hommes comme Delbrück et Bernhardi, par le cabotinisme exaspérant du Kaiser et par des chansons émouvantes sur le Deutschland et le Rhin.

Ces choses, ajoutées à l'activité commerciale du trust des armements, à la vanité commune et aux faiblesses des hommes qui ne pensent point, ont été suffisantes pour donner libre cours au désastre — dont nous ne commençons pas encore à mesurer l'ampleur.

Derrière, se trouvent les exploiteurs

d'idées, les écrivassiers à l'esprit bas, petits professeurs prétentieux en redingote, colonels en mal d'écrire. Ils sont l'idée. Ils montrèrent le chemin et dirent : « Allez ! » Ils conduisent aujourd'hui le monde à une catastrophe.

C'est comme si Dieu, dans un moment de sauvage humeur, avait prêté, pour une promenade, ses tourbillons à une demi-douzaine de mouches.

Et la tâche réelle qui s'impose à l'humanité dépasse de beaucoup celle de la ligne de combat, la tâche, terrible mais simple, qui est de discréditer et de décourager ces stupidités par les vaisseaux de guerre, l'artillerie, l'infanterie et le sang et le courage de sept millions d'hommes.

La tâche réelle de l'humanité est de mettre un peu plus de bon sens dans la tête de ces Allemands, et — en même temps et par cela même — dans la tête de l'humanité en général ; c'est aussi de mettre fin non seulement à une guerre, mais à l'idée de la guerre.

Ce que l'imprimerie, l'écriture et la parole ont fait, l'imprimerie, l'écriture et la parole peuvent le défaire.

Qu'aucun homme ne soit joué par la force et la matière. Les fusils ne tuent que les hommes, et des hommes nouveaux qui sont nés suivront ceux qui sont tués.

Notre travail, c'est de tuer les idées. Le but ultime de cette guerre, c'est la propagande, la destruction de certaines croyances et la création de nouvelles.

C'est à cette propagande que les hommes raisonnables doivent absolument s'adresser.

Et quand j'écris propagande, je ne veux pas un seul instant parler de la propagande avec laquelle est associé le nom de M. Norman Angell : ce grand évangile moderne que la guerre ne *paie* pas.

C'est là, à vrai dire, la seule chose

décente et attractive qui puisse encore être dite en faveur de la guerre.

Rien de ce qui vaut réellement la peine d'exister dans la vie ne paie. Les hommes vivent afin de pouvoir payer eux-mêmes pour les choses qui ne paient pas. L'amour ne paie pas, l'art ne paie pas, le bonheur ne paie pas, l'honnêteté n'est pas la meilleure politique, la générosité appelle l'ingratitude de l'homme mesquin ; à quoi peut donc servir cet argument de revendeur ? Il révolte tous les gens honorables.

Mais la guerre, qu'elle paie ou non, est une chose atrocement laide, cruelle, dévastatrice d'innombrables beautés. Qui s'inquiète si la guerre paie ou non, lorsqu'on songe à ces paysannes belges ou françaises obstinées, interrogées et tuées par un officier allemand arrogant, ou à l'humble et faible abri qui cache de petits enfants et qu'abat une bombe ?

Même si la guerre payait éternellement douze et demi pour cent par an pour tout le prix qu'elle coûte, n'en serait-elle pas moins la pire des abominations pour toute âme décente?

Et, de plus, c'est un ennui.

Un ennui insupportable. La guerre et la préparation à la guerre, les impôts, le recrutement, l'arrestation et l'embouteillage de la vie, l'obéissance à des gens de troisième ordre parce qu'ils portent un uniforme, tout cela, dont Berlin a été l'implacable propagateur, est devenu un ennui insupportable à toute l'humanité.

Ni la Belgique, ni la France, ni l'Angleterre ne combattent en ce moment pour la gloire ou pour l'avantage. Je ne crois pas, non plus, que la Russie le fasse ; nous combattons tous, je crois, dans une rage de ressentiment parce qu'enfin, après des années consacrées en vain à l'éviter, nous avons été obligés d'agir ainsi.

Ce dont nous nous plaignons c'est ce dont se plaint tout Allemand décent, aimant la vie, toute mère et fiancée allemande qui vit son homme partir sous la conduite de chefs incompétents vers la misère, la mutilation et la mort.

Et notre propagande contre l'idée prussienne ne doit pas être un vil argument de porte-monnaie, mais un appel au sens commun et aux sentiments communs de l'humanité.

Il nous faut éclairer le cerveau des Allemands et conserver éclairé le cerveau de notre propre peuple au sujet de cette guerre.

Particulièrement, il est un pressant besoin de mettre en garde notre peuple contre ce rêve de bénéfices de filous, la « Guerre au commerce allemand ».

Il faut nous réitérer toujours et toujours cette affirmation que nous combattons avec cette résolution qu'à la fin aucune nationalité n'aura plus jamais le droit en Europe d'opprimer une autre nationalité ou une autre langue, et comme illustrations, nous ne voulons plus de ces ingénieux assemblages de chiffres qui touchent l'imagination d'Angell, mais les photographies du Kaiser, dans toute sa gloire, passant une revue, et des photographies du visage long, anguleux et dénué d'intelligence du Kronprinz villégiaturant à Capri : pour leur faire pendant, on pourrait y joindre des photographies montrant impitoyablement des hommes tués et horriblement déchirés sur le champ de bataille, des hommes estropiés, des femmes et des hommes assassinés, des maisons brûlées et, jusqu'au summum de l'indécence, toute l'horreur particulière de la guerre.

Et le cas qui devra être ainsi expliqué devra être exposé devant l'esprit des Allemands et des Américains, du peuple français et du peuple anglais, des Suédois, des Russes et des Italiens, comme notre fléau commun, auquel, bien que ce puisse être aux dépens de plusieurs gouvernements, il nous faut mettre un terme.

Maintenant, comment cette littérature devra-t-elle être répandue ?

Comment devrons-nous atteindre les peuplades communes des nations européennes occidentales par ces explications, ces affirmations, ces suggestions qui sont nécessaires pour mener à bien cette guerre ?

Je voudrais que nous ayons un gouvernement capable d'autre moyen plus articulé que : « attendons et voyons ! » un gouvernement qui oserait avouer une intention nationale au monde entier.

Car ce que dit un gouvernement est entendu par tout le monde.

Le roi George est écouté par mille millions de gens. S'il jugeait convenable de dire simplement et clairement pourquoi nous combattons et ce que nous cherchons, sa voix serait entendue universellement, en Allemagne, comme en Amérique.

Aucune autre voix n'a une puissance de pénétration semblable.

Il regarde la guerre, nous a-t-il dit, avec intérêt, mais ce n'est pas assez; nous pouvions deviner cela, connaissant son esprit.

En tant que nation, nous avons besoin d'une expression qui atteigne l'autre côté. Mais notre gouvernement est, je le crains, de ceux-là qui obéissent à la nécessité; il n'est créatif qu'à regret; c'est à nous, par conséquent qui, en dehors de tout gouvernement formel, représentons la volonté et l'intention nationales, qu'il reste à prendre cette œuvre en mains.

Au moyen d'une propagande de livres, articles de journaux, brochures, tracts en anglais, français, allemand, hollandais, suédois, norvégien, italien, chinois et japonais, nous devons répandre cette idée, répéter cette idée et *imposer à la guerre* cette idée: que cette guerre doit tuer la guerre.

Nous avons à créer une vaste conception commune d'une Europe redessinée et pacifiée, délivrée des dangers abominables d'un commerce privé en armements, grandement désarmée et confiée à la protection mutuelle.

Cette conception a jailli dans un grand nombre de cerveaux, et il y a eu aussitôt des propositions des plus extraordinaires et des plus faisables pour assurer sa réalisation : projets d'aéroplanes semant des brochures sur l'Allemagne, d'armées distribuant des tracts à mesure qu'elles avançaient, de prisonniers de guerre très émus par cette littérature. Ces idées ont l'absurdité de la nouveauté, mais, autrement, elles ne sont nullement absurdes. Elles frapperont beaucoup de soldats comme étant indécentes, mais le monde est en révolte contre les données du militarisme.

Jamais, auparavant, le monde n'a vu aussi clairement qu'il le voit maintenant le rôle de la pensée dans la façon de faire la guerre. Cette nouvelle conception

porte en elle le corollaire d'une campagne entièrement nouvelle.

Comment pouvons-nous atteindre les
cerveaux de nos ennemis ? Comment
pouvons-nous rendre l'explication plus
puissante que les armées et les flottes ?

A défaut d'une voix puissante à la tête
de notre pays, nous devons chercher
l'appel sonore dans d'autres endroits,

Nous nous tournons vers l'Église qui
pour arriver à ses fins s'intitule la Prin-
cesse de la paix. En Angleterre, à part
une très petite et faible protestation contre la guerre — n'importe quelle sorte
de guerre — de la part d'une poignée
de Quakers, le christianisme est resté
silencieux.

Son organisation universellement présente ne donne aucun conseil cohérent.
Ses prêtres et ses fidèles, pour la plupart,
sont plongés dans la manufacture loyale
de vêtements de flanelle et de chemises
de lit pour les blessés.

C'est une chose extraordinaire de pénétrer dans un temple paroissial en ce moment, de remarquer la chaire, de lire les préparatifs ordonnés pour les auditeurs, les proclamations affichées, de s'asseoir un peu sur le mur de pierre, parmi les tombes du cimetière, et de contempler le confortable vicariat, tout en réfléchissant que c'est là précisément la représentation locale d'une organisation universellement présente par la communion des idées ; que par toute l'Europe il y a des chaires semblables, des possibilités semblables de se réunir et de causer, et que personne ne se réunit et que personne ne cause.

Elle exprime le sentiment patriotique, peut-être pacifique, mais rien qui puisse permettre à quelqu'un d'agir, rien qui puisse assembler, vouloir et faire une fin.

Il est étrange de s'asseoir au soleil, réfléchissant à tout cela et songeant de quelle façon tragique cette même pensée vint à un autre cerveau en Europe.

Plusieurs choses sont arrivées depuis les premiers bruits de guerre qui ont une qualité symbolique des plus intenses ; l'assassinat de Jaurès, par exemple, mais sûrement, rien n'eut lieu de plus merveilleux et de plus touchant que la mort du Pape, ce fidèle, honnête et simple vieillard.

La guerre et la perplexité au sujet de la guerre assombrirent ses dernières heures. « Jadis l'Église aurait pu arrêter cette chose, » dit-il, comprenant que des fils lui manquaient et que son contrôle s'était évanoui — peut-être même se rappelant aussi l'offre d'un secours vivifiant découragé et refusé.

La *Tribuna* conte une histoire qui, si elle n'est pas vraie, est merveilleusement inventée. Un représentant de l'Autriche était venu lui demander la bénédiction des armes autrichiennes. Il

feignit de ne point entendre, et peut-
être il n'entendit point.

L'Autrichien renouvela sa demande,
et ce fut de nouveau un silence.

Enfin à la troisième requête, comme
il ne pouvait plus être encore silencieux,
il laissa éclater :

« *Non ! Bénissons la paix !* »

Tandis que montait la température de
son corps épuisé, ses derniers moments
lucides furent passés en efforts à dicter
des télégrammes qui auraient dû avoir
un pouvoir arrêtant sur la gigantesque
mêlée qui avançait, et dans son ultime
délire il pleura sur la guerre et l'impuissance de l'Église.

L'intelligence sans la foi c'est le
diable, mais la foi sans l'intelligence
c'est un ange négligent armé d'armes
rouillées.

Cette catastrophe européenne est la
tragédie de la faible bien que juste volonté chrétienne.

Nous commençons à comprendre qu'être juste et indolent, ou juste et dédaigneusement silencieux, ou juste et se tenir en dehors du conflit, c'est avoir tort. La justice a besoin d'être aussi claire et efficace et de faire les choses aussi soigneusement qu'elles doivent être faites que n'importe quel mécréant.

Il n'y a aucune signification dans le christianisme d'un chrétien qui n'est pas, en ce moment, un propagandiste en faveur de la paix — qui n'est pas aussi en ce moment un politicien.

Il n'y a pas de foi dans le libéralisme qui critique simplement la manière dont nous nous trouvons engagés dans une lutte qui peut modifier le monde entier à jamais.

Nous n'avons pas besoin de demander la paix, mais de chercher le chemin de la paix, de le montrer et de l'organiser.

On songe aux gouvernements, à

l'Église et à la presse, puis tourné vers quelque autre source de contrôle mental, nous nous rappelons les organisations, les organisations des plus véritablement opulentes, qui se sont professionnellement vouées à encourager la paix.

Il ne vient aucune voix de La Haye.

Le soi-disant mouvement pacifiste de notre monde a consumé assez d'argent et d'efforts pour être autre chose qu'un faible murmure contre l'existence de la guerre.

Que fait en ce moment ce mouvement avec toutes ses organisations ?

Quatre-vingt-dix-neuf personnes sur cent en Europe se plaignent actuellement de la guerre. Il n'est point besoin de comités spécialement doués pour faire cela. Ils prêchent à un monde converti. La question, c'est comment la terminer et empêcher son retour.

Mais ces gens, spécialement chargés de chercher la paix, ont-ils jamais cheché les ressorts secrets de la guerre, ou examiné les forces qui luttent en faveur de la guerre, ou pris la peine d'apprendre comment s'emparer de la guerre et la soumettre ?

Toute l'Allemagne est anémiée par l'esprit de combat et armée plus que tout le reste du monde.

Jusqu'à ce que le cerveau de l'Allemagne soit changé, il ne pourra y avoir de paix certaine sur terre.

Mais cela, semble-t-il, ne paraît point inquiéter l'avocat professionnel de la paix si seulement il peut crier : Paix ! et vivre quelque part confortablement, et avec le sentiment confortable d'un dissident de l'émotion générale.

*
* *

Comment devrons-nous réunir les volontés et les compréhensions des hommes pour les nécessités et les opportunités énormes de notre époque ?

La pensée, la parole, la persuasion et
une demande incessante d'intentions
nettes, de déclarations nettes pour chas-
ser la suspicion et obtenir l'abandon
des secrets et des fourberies : c'est
là l'œuvre de tout homme qui écrit
ou parle et qui a une influence, si
minime soit-elle, sur une autre créature.

Ce monstrueux conflit de l'Europe, la
tuerie, la famine, la confusion, la panique, la haine et l'orgueil, tout cela
n'est réel que dans les ténèbres du cerveau. Lorsque viendra la compréhension, tout cela s'évanouira, comme les
rêves s'évanouissent au réveil.

Mais jamais cela ne s'évanouira, ainsi
qu'il convient, tant que la compréhension ne sera pas venue.

Cela continue parce que nous, qui
sommes des voix, qui suggérons, qui
pouvons élucider et inspirer, nous
sommes nous-mêmes de si petites créatures éparpillées que, bien que nous

nous efforcions de toucher le point de contact, nous n'avons pas encore la force de donner la lumière qui, de toute évidence, nous sauverait.

Il y eut des moments durant les trois premières semaines de cette terrible guerre où la vie fut un cauchemar éveillé, un de ces cauchemars glacials où, avec le salut à sa portée, on ne peut bouger, — la voix refusant tout service, restant étouffée dans la gorge.

LA PAIX DU MONDE

ESSAI

LA PAIX DU MONDE

ESSAI

I

Il n'y eut sans doute jamais auparavant, dans tout le passé de l'humanité, tant de gens convaincus de l'horreur de la guerre ni une aussi grande proportion anxieuse de mettre fin à la guerre et de rarranger les affaires du monde de telle sorte que cet immense cataclysme, fait de privations, de souffrances, de destruction et de tuerie, qui se poursuit en Europe, ne puisse jamais se renouveler.

L'auteur de cet essai fait partie de cette grande majorité de gens. Il veut, autant que cela est possible, mettre fin à la guerre complètement et disposer les choses de façon que, lorsqu'une crise quelconque inévitable se produira, elle puisse être aussi peu cruelle et horrible que possible.

Mais désirer et obtenir, c'est là deux choses différentes. Il ne s'ensuit pas, parce que cette aspiration vers la paix mondiale est presque universelle, qu'elle soit réalisée. Il peut y avoir des fautes en nous, des influences non soupçonnées, intérieures et extérieures, qui peuvent travailler à vaincre nos sentiments superficiels.

Si l'on veut que la paix soit établie définitivement, il ne faut pas seulement désirer la paix, mais vouloir la paix. Si sur cent hommes quatre-vingt-dix-neuf désirent la paix et ne s'en occupent pas autrement, le seul homme qui reste à part s'armera et rétablira l'oppression et la guerre.

La paix doit être organisée et maintenue.

La monstrueuse catastrophe actuelle est le résultat de quarante-trois années d'armement mondial systématique, habile, industrieux. Par un désarmement aussi systématique, aussi habile et aussi industrieux, et par cela seulement, nous pouvons espérer arriver à des siècles de paix.

Il n'est besoin d'aucune excuse, par conséquent, pour discuter sur la façon dont la paix doit être organisée et établie à la conclusion de cette guerre.

Je vais établir et estimer, aussi soigneusement que j'en suis capable, les forces en faveur d'une organisation de paix et les forces en faveur de la guerre. Je vais faire de mon mieux pour diagnostiquer le mal de la guerre.

Je veux découvrir, pour ma propre gouverne d'abord, et ensuite dans le but de coopérer avec d'autres gens, ce qui doit être fait pour empêcher la continuation et la recrudescence de la guerre.

Une telle enquête est manifestement le premier pas nécessaire vers n'importe quelle pacification du monde. Si manifestement même que, naturellement, d'innombrables personnes, autres que moi, sont en train d'y travailler. C'est une sorte d'exploration scientifique d'un genre particulier.

Chacun de nous découvrira probablement pas mal de vérités et un nombre considérable d'erreurs. Les vérités seront toujours les mêmes et les erreurs se contrediront et se repousseront mutuellement.

Mais il est clair que, dans cette affaire, il n'y a point de simple panacée et que seulement par la volonté et la persistance nous déblaierons une conception générale de la route que la multitude qui désire la paix doit suivre.

D'abord on doit remarquer que chez tout le monde il y a un certain désaccord quant à la guerre. Tout homme est partagé contre lui-même. Dans l'ensemble, la plupart de nous désirons la paix. Mais il n'est guère de gens qui n'aient quelque sentiment belliqueux en sommeil qui ne demande qu'à se réveiller, ou quelque admiration cachée pour les héroïsmes et les attraits imaginatifs de la guerre.

Je suis assis à ma table en train d'écrire sur la paix du monde, mais, immédiatement avant de m'installer à ma table, je lisais le journal du matin et, en particulier, la lutte entre le *Sydney* et l'*Emden* aux îles Cocos.

J'avoue avoir ressenti une satisfaction intense à la lecture du récit des coups implacables portés à l'*Emden* par les canons du navire australien. Il y a une sensation de grandeur, une immensité magnifique, dans un grand nombre des faits cruels de la guerre; ils excitent en vous une sorte de vigoureuse exaltation.

Nous avons tous en nous cette passion destructive, et il ne sert à rien de dire que nous ne l'avons pas. La première chose que nous devons faire pour la paix du monde c'est de commander à ce sentiment. Et pour arriver à cela il n'est rien de plus efficace que d'avoir présent à l'esprit l'autre côté des réalités de la guerre.

Pour ma part, j'ai sous la main certaine lettre d'une doctoresse très capable qui est revenue récemment de Calais.

Le tétanos, la gangrène, des hommes blessés bandés de chiffons sales et gisant lamentablement dans des abris humides, des hommes sans blessures mais si brisés par les horreurs glaciales des tranchées de l'Yser qu'ils sont devenus presque fous : voilà de quoi est composé son tableau.

Un jeune officier lui parla des opérations, des villes et des villages dévastés, de la putréfaction des soldats et des chevaux tués, de ses hommes qui étaient morts, blessés ou mutilés, de la liste des camarades qu'il avait perdus.

« Soudain il se mit à pleurer. Il pleurait à chaudes larmes, tout comme un enfant qu'on aurait trop grondé, et je ne pouvais rien pour le consoler. »

C'était un homme fort et un brave

homme et c'est à ça que l'amenèrent trois mois de guerre.

Et, dans cette lettre, il y a encore ceci :

« Il y avait un nombre presque suffisant de docteurs belges, mais pas d'infirmières, si ce n'est quelques jeunes filles françaises peu au courant, presque pas de matériel, et pas de place pour une chirurgie convenable. On nous parla d'une maison qui contenait soixante et un hommes et ni docteurs ni infirmières — la plupart moururent sans recevoir la moindre assistance médicale. Madame N... et moi, le mercredi suivant, nous trouvâmes quatre hommes, couchés sur de la paille, dans une boutique, avec des blessures aux pieds et aux jambes, qui n'avaient pas été pansés depuis le vendredi et n'avaient jamais été examinés par un docteur. Ajoutez à cela des centaines et des centaines de blessés qui, pouvant marcher, essayaient de trouver un abri dans quelque coin, en outre des nombreux soldats belges et

français non blessés en garnison dans
la ville.

« Et comme si cet *inferno* de misère
n'était pas suffisant, il y avait encore les
réfugiés! Ce n'étaient point des Belges
ainsi que je l'imaginais, mais des Français. Il paraît que les deux armées anglaise et française durent évacuer la
population civile de toute la zone combattante, autant pour empêcher l'espionnage et la trahison (qui ne manquèrent
ni à une armée ni à l'autre) que parce
qu'elle mourait de faim. Elle fut envoyée
à Calais, puis, de là, en bateau jusqu'au
Havre. Ce premier dimanche soir, un
cortège sans fin se déroula, sous une
pluie battante, de la gare aux quais.

« Chaque famille avait une voiture
d'enfant (des plus commodes, d'ailleurs)
sur laquelle étaient entassées, avec
quelques bouts de pain, quelques hardes
enroulées, sous lesquelles, lorsqu'on
regardait de près, on apercevait deux
petits enfants qui criaient. Il y avait peu

de jeunes gens ; c'étaient pour la plupart des enfants en larmes, à l'air effrayé, et de malheureux vieillards, hommes et femmes, courbés par l'âge et la douleur. Ça paraissait trop effrayant pour être vrai ; même lorsqu'ils nous coudoyaient en passant devant nous, sous la pluie, nous ne pouvions croire que ces êtres abattus étaient réels. Ils semblaient surnaturalisés par la misère, d'une façon étrange. Quelques-uns dormirent dans des salles de patinage et des entrepôts, d'autres à bord de l'*Amiral-Ganteaume* (1) (qui aurait pu imaginer qu'aux horreurs de l'exil, ces gens verraient, le lendemain, s'ajouter celles du naufrage ?), d'autres restèrent certainement debout toute la nuit dans la salle d'attente, en face de notre hôtel. Ceci dura toute la semaine et se continuait quand nous partîmes. »

Néanmoins, je ressentis une impres-

______

(1) L'*Amiral-Ganteaume* fut détruit par un sous-marin allemand.

sion agréable, en songeant aux bombes qui coulèrent l'*Emden*, avec les hommes à bord de l'*Emden*, et lorsque je lus, l'autre jour, que des canons de marine avaient détruit plus de quatre mille hommes dans les tranchées aux environs de Middelkerque, je fis la remarque que « nous marchions bien ».

C'est seulement *dans l'ensemble* que nous autres, qui voulons mettre fin à la guerre, haïssons et condamnons la guerre ; nous retombons constamment dans l'orgueil, et si nous oublions ce sentiment belliqueux et cette admiration pour les coups bien frappés que cache notre nature, nous entreprendrons notre tâche dans des conditions irrémédiablement défectueuses. Nous estimerons au-dessous de leur valeur les forces très puissantes qui vont à l'encontre des efforts pacifistes, et nous nous méprendrons complètement sur elles.

Considérons donc d'abord les forces qui sont directement opposées à la pacification du monde, les forces qui travailleront ouvertement et d'une façon définie à la conservation de la guerre comme condition humaine. Et n'oublions pas, surtout, que les forces qui sont *pour* une chose sont presque toujours plus unies, plus concentrées et plus effectives que les forces qui sont contre cette chose.

Nous, qui sommes contre la guerre et voulons l'arrêter, nous le sommes pour une grande multitude de raisons.

Il y a dans la vie d'autres choses que nous préférons, et la guerre arrête ces autres choses. Certains d'entre nous veulent s'adonner à l'art, d'autres veulent mener une vie industrieuse à la ville ou à la campagne, d'autres veulent continuer des études scientifiques, d'autres veulent des plaisirs d'une sorte ou d'une autre, d'autres encore veulent mener une vie de religion, austère ou non. Mais nous sommes tous d'accord à fixer notre esprit sur autre chose que la guerre.

Et tant que nous fixons notre esprit sur d'autres choses, la guerre devient possible et probable à cause de notre inattention générale.

Nous, nous n'y faisons pas attention mais, tout ce temps, les gens qui veulent réellement la guerre et le militarisme fixent leur esprit sur le seul point qui les intéresse. Ils complotent la façon dont cette guerre sera faite; ils projettent comment la causer. Et nous découvrons soudain — ainsi que l'ont découvert l'art et le développement social, l'industrie et la vie agréable, la civilisation de l'Angleterre, de la France, de l'Allemagne et de la Russie — que tout doit être jeté de côté lorsque les penseurs de la guerre ont décidé de donner libre cours à leur jeu.

Et jusqu'à ce que la majorité pacifique produise une organisation satisfaisante quelconque qui surveillera les faiseurs de guerre, nous ne mettrons jamais fin à la guerre, pas plus qu'un pays ne peut mettre fin au crime et au vol sans une police. Dans les deux cas un spécialiste doit veiller sur un spécialiste. De simples expressions d'une haine vertueuse envers la guerre ne mettront jamais fin à cette guerre tant que le monde durera.

Les gens qui, actuellement, veulent la guerre ne furent peut-être jamais aussi nombreux. La plupart des gens veulent la guerre parfois, et quelques gens seulement veulent la guerre toujours. Ce sont ces derniers qui sont, pour ainsi dire, le germe de la créature « guerre » que nous voulons détruire.

Ce penchant pour un beau coup qui s'épanouit en moi pendant un instant, tandis que je lisais l'exploit des canons de marine, est chez eux une passion dominante. Elle n'est pas contrebalancée et encore moins étouffée chez eux comme elle l'est chez moi par le

sentiment de gaspillage, par la pitié et
par l'horreur, par l'amour des hommes
à l'esprit fort et courageux et qui cependant pleurent amèrement la misère
et la mort de bons amis.

Ces amoureux de la guerre sont des
créatures d'une continuation plus simple. Et ils semblent capables d'une haine
plus grande. Vous découvrirez, si vous
leur parlez habilement, qu'ils considè-
rent que la guerre « ennoblit », et quand
ils disent « ennoblir », ils signifient
qu'elle détruit les dix mille choses de la
vie dont ils ne jouissent pas ou qu'ils
ne comprennent ou ne tolèrent point,
choses qui les remplissent, par conséquent, d'envie et de perplexité — de ces
choses, telles que le plaisir, la beauté,
la délicatesse, le loisir. Dans l'hypocrisie
du langage moderne, vous les entendrez
appeler : « dégénéré » tout ce qui n'est
pas brut et obligatoire dans la vie.

Et, remontant jusqu'aux écrits les
plus anciens, dans les discours les plus

assoiffés de sang des prophètes hébreux, par exemple, vous découvrirez qu'à la base de l'esprit guerrier se trouve la haine pour une vie plus compliquée, plus raffinée, plus jolie et plus heureuse.

Les peuples militaires ont toujours été des peuples durs et plutôt stupides, remplis d'une indignation vertueuse contre tout ce qu'ils ne comprennent point. Le Prussien moderne s'en va en guerre aujourd'hui avec un sentiment de supériorité morale aussi suprême que les Arabes quand ils se ruèrent sur l'Égypte et l'Afrique du Nord. L'incendie de la Bibliothèque d'Alexandrie reste pour toujours le symbole du triomphe d'une « culture » militariste sur la civilisation. Cette croyance facile des gens tristes ou violents que la guerre « fortifie » vient d'un instinct réel de la défense de soi contre les épreuves plus mobiles de la paix.

Ce type de gens s'accommodera de la

guerre, s'il le peut. Il est à la politique
ce que le type criminel est à l'ordre
social ; il sera hostile à tout essai
d'établissement d'un ordre pacifique
dans le monde.

Cette lourde envie qui est la caractéristique dominante du type militariste
ne lui est, en aucune façon, spéciale.
Elle est plus ou moins en chacun de
nous tous. En Angleterre, on la trouve
beaucoup moins fréquemment chez les
soldats de profession que parmi les
hommes sédentaires éduqués. En Allemagne, aussi, le militarisme le plus absolu et le plus féroce se trouve sous la
redingote des professeurs.

A l'heure actuelle, l'Angleterre est
emplie des plaintes respectueuses contre les professeurs allemands, mais, en
réalité, il n'y a point de monopole pour
cela en Allemagne, et avant l'Allemagne
l'Angleterre produisit quelques-uns des
spécimens les plus parfaits du militarisme agressif. Lire ce qu'écrivit Froude

sur l'Irlande, ou Carlyle sur la guerre franco-allemande, c'est déguster dans sa perfection ce tempérament qui pousse à la haine.

Une grande partie de ce caractère littéraire belliqueux est pathologique. Les hommes plongés dans l'étude et emmurés dans les universités attrapent des maladies de foie et de cœur ; ils souffrent de timidité, de la persuasion d'un mérite excessif et négligé, — mélancolie de vieille fille, — et de la haine de toutes les gaietés de la vie. Et leur souffrance s'exhale en des pensées sauvages. Un bain vigoureux quotidien, une société mélangée, la suppression complète de la bière, de l'alcool et du tabac, et deux heures de hockey dans l'après-midi feraient probablement des hommes des plus tolérants de tous ces militaristes professionnels enragés. Un régime de ce genre aurait été certainement le salut de Froude et de Carlyle. Il aurait probablement épargné au monde les vi-

tupérations des prophètes hébreux —
ces modèles du mal infini...

Des cas extrêmes nous passons aux
cas moyens par des degrés insensibles.

Nous sommes tous, probablement,en
tant qu'êtres, un peu trop portés vers
l'intolérance et si, en toute sincérité,
nous voulons mettre fin à la guerre sur
cette terre, nous devons nous préparer
à des exercices considérables de con-
trainte personnelle lorsque nous voyons
des gens étrangers agir, croire et vivre
d'une façon différente de la nôtre. Cette
minorité d'âmes continuellement aigries
qui veulent voir brûler les villes qui ne
leur plaisent pas et fuir et mourir les
hommes, forme la force réelle qui s'abrite
derrière nos complicités occasionnelles.

Le monde a eu sa dernière leçon de
choses dans le mépris des Allemands
pour les Anglais et les Français, qu'ils
traitaient de « dégénérés », pour les
Russes, ces « hordes du Mongol », pour
les Japonais, « ces sauvages jaunes »,

mais ce ne sont pas seulement les Allemands qui se sont laissés entraîner par
la vanité nationale jusqu'à ces laides
hostilités envers un mode de vie qui ne
leur était pas familier. La première attaque contre la guerre doit être dirigée
contre l'orgueil de soi et l'intolérance.
Ces choses sont, partout, le germe d'un
militarisme absolu et incurable.

Maintenant cette attaque contre l'orgueil de soi, l'intolérance et le militarisme sévère qui naît naturellement de
ces choses, doit être faite d'un certain
nombre de façons. La première, c'est une
propagande persuasive de la vérité au
sujet de la guerre, une résolution opiniâtre de laisser vivace la douleur de la
guerre dans les nerfs des inconscients,
de laisser la putréfaction de la guerre
sous le nez qui sans cela resterait indifférent.

C'est seulement dans le cerveau des
ténébreux écrivains mégalomanes que
la guerre agressive devient une chose

grande et glorieuse. En réalité, c'est un outrage immonde à la vie, une méchanceté délibérée : les habitations saccagées par un idiot, des chauffeurs échaudés, des canonniers éventrés, des femmes violées par des soldats ivres.

Par le livre et par le pamphlet, par la peinture et par le cinématographe, le pacifiste doit organiser la sagesse dans cette affaire. Et ce ne sont plus seulement l'indignation et la misère qui doivent l'aider dans cette tâche. Le farouche militariste absolu ne se laissera pas ébranler dans ses déterminations par notre horreur et notre hostilité. Ces choses ne feront que le « fortifier ».

Il y a un côté plus vulnérable. L'arme ultime contre toute forme de stupidité est le ridicule, et contre la haute imbécillité du militariste, elle est particulièrement efficace. C'est le rire des gens de bon sens qui mettra fin à la guerre.

L'homme farouche, fort silencieux, ne cessera de nous importuner que lorsque nous l'aurons dépouillé de son dernier haillon de prétention et que nous aurons touché la fibre sensible de sa vanité par la mise à nu tant appréhendée de sa sottise.

La littérature aura manqué à son devoir envers l'humanité si elle est assez aveuglée par la monstrueuse misère des Flandres pour passer à côté de la trivialité essentielle qui dirige la guerre actuelle. L'assassinat de dix millions d'hommes ne peut rendre le caractère du Kaiser allemand autre que théâtral et imbécile. Nous perdrons complètement la signification de la guerre si nous ne traçons pas un tableau, pour nous et pour la postérité, de l'absurdité absolue de la monarchie allemande, de la figure stupide du kronprinz cambriolant les châteaux de France et emportant les tabatières et les icones, tandis que toute l'Allemagne saigne mortellement pour faire de lui le César d'un nouvel Empire du monde.

La plus grande partie du monde est
dans la douleur et dans la fièvre, mais
cela ne rend pas la cause de cette douleur et de cette fièvre noble ou grande.
Un homme peut mourir de la fièvre
jaune par suite d'une piqûre de moustique ; cela ne rend pas un moustique
quelque chose de plus qu'un insecte
sale, ni un impérialiste agressif quelque
chose de mieux qu'un fou de cabaret.

C'est pourquoi nous ne devons recon-
naître d'autre guerre héroïque que la
guerre défensive, et comme les seuls
guerriers honorables ces hommes tels
que les paysans de Visé qui partirent
armés de fusils de chasse contre la
multitude envahissante qui piétinait
leurs champs...

Seule la guerre qui aide cette défensive est honorable.

II

Mais les gens qui positivement admi-
rent la guerre, la défendent et la désirent
pour elle-même, ne sont qu'une petite
minorité fiévreuse de l'humanité. Le
plus grand obstacle à la pacification du
monde ce n'est pas l'homme qui court
après la guerre, mais les vastes masses
de gens qui, pour les motifs les plus divers, encouragent et maintiennent toutes
sortes d'institutions et de séparations
qui favorisent la guerre. Ils ne veulent
pas la guerre, ils n'aiment pas la guerre,
mais ils ne feront pas le moindre sacri-
fice, ils ne s'efforceront pas, de quelque
façon que ce soit, de rendre la guerre
difficile ou impossible. C'est eux qui ser-

vent d'excuse au maniaque de la guerre.
Ils n'éloigneront pas de lui le canon, ils
ne mettront pas une limite raisonnable
aux disputes dans lesquelles il peut
finalement jeter ce qui pour lui remplace
une solution. Ils sont comme les gens
qui craignent et détestent la fièvre jaune,
mais s'opposent à jeter du pétrole sur
les mares — ce qui est nécessaire pour
l'empêcher — parce que ça pourrait détruire les nénuphars. Maintenant, il est
nécessaire, si nous devons avoir une
campagne contre la guerre intelligemment dirigée, de faire une classification
claire et sûre de ces gens à demi-cœur,
de ces gens qui ne veulent pas la guerre
mais qui la permettent. Leurs indéci-
sions, leur incertitude, ce sont là les
obstacles de brouillard qui s'opposent
trop efficacement à notre désir de
mettre fin à la guerre pour toujours.

Et, d'abord, il est une chose très
évidente, c'est la nécessité d'une autorité mondiale de contrôle, si l'on veut

que les traités soient respectés et la guerre abolie. Tant qu'il y aura de nombreux souverains au monde absolument libres de faire chacun ce que bon lui semble, armer ses sujets ou renier ses engagements, il ne peut y avoir de paix assurée.

Mais la grande majorité de ceux qui désirent sincèrement la paix ne peut comprendre cela. Il y a, par exemple, de nombreux libéraux anglais à la vieille mode, qui dénoncent le militarisme et les « liens des traités » avec une égale ardeur : ils veulent que la Grande-Bretagne reste seule, non agressive, mais libre, ne comprenant pas qu'un tel isolement est le plus sûr encouragement à la cupidité de n'importe quelle Puissance amoureuse de la guerre. On trouve la même chose exactement en Amérique, et à un point encore plus grand peut-être. Mais ce n'est que par le tissage d'un réseau de traités, liant tous les pays par des obligations générales à la protection mutuelle, qu'une telle pacification mondiale peut être atteinte. L'alliance actuelle contre l'insupportable militarisme de l'Allemagne peut être le précurseur d'une alliance beaucoup plus vaste contre n'importe quelle agression future. Ce n'est que par un tel arrangement qu'il y a quelque espoir raisonnable d'un contrôle et d'une cessation de ces constantes disputes et passions internationales, de cette concurrence financière, de cette rivalité d'influence dans les petits États neutres, qui ont donné naissance à toutes les luttes du siècle dernier et qui ne peuvent qu'accumuler les tensions en faveur de nouvelles guerres, tant qu'on les supportera.

Déjà plusieurs États, et particulièrement le Gouvernement des États-Unis d'Amérique, ont signé des traités d'arbitrage, et le Tribunal de la Haye tisse un premier réseau d'obligations, exemplaires bien que fragiles, entre les pays du monde. Mais ce ne sont là que les faibles suggestions initiales de possibilités beaucoup plus grandes, et ce sont ces plus grandes possibilités qui doivent maintenant être réalisées si tout ce qui a été dit et écrit au sujet de la guerre qui tuera la guerre doit porter des fruits.

Ce qui, maintenant, chaque semaine de la lutte actuelle, devient de plus en plus praticable, c'est l'établissement d'une nouvelle assemblée qui prendra la place des diverses ambassades et organisations diplomatiques, d'une tradition et d'un modèle moyenâgeux, qui ont jusqu'ici dirigé les affaires internationales. Cette guerre doit finir par un accord public, auquel tous les belligérants apposeront leurs signatures ; ce ne sera pas une liasse de traités, mais un traité liant huit ou neuf Puissances, ou même davantage. Cet accord sera presque certainement atteint dans une Conférence des représentants des divers ministères des Affaires étrangères engagés.

Très probablement les Puissances neutres intéressées enverront aussi des représentants. Il n'y a pas de raison pourquoi cette Conférence serait dissoute ensuite ; pourquoi elle ne deviendrait pas une Conférence permanente pour les relations entre elles des Puissances participantes et le maintien de la paix du monde. Elle pourrait avoir un siège à elle, des fonctionnaires à elle, un revenu à elle ; elle pourrait siéger et discuter en séances publiques, publier les traités généraux liant entre elles les Puissances contractantes, et revendiquer pour le soutien de ses décisions leurs ressources militaires et navales.

La prédominance des grandes Puissances pourrait être assurée en accordant aux représentants un nombre de voix proportionnel à la population représentée, ou par une sorte de représentation proportionnelle. Chaque Puissance pourrait nommer ses représentants par l'intermédiaire de son Ministère des

Affaires étrangères ou par n'importe quel autre moyen qu'elle jugerait convenable. Ils pourraient même être élus directement par la nation.

Et un corps de ce genre ne serait pas seulement d'une autorité énorme dans le libellé, l'interprétation et le respect des traités, mais il pourrait encore s'occuper d'une centaine de fonctions utiles relatives à l'hygiène mondiale, le commerce et le voyage internationaux, le contrôle de l'océan, l'exploration et la consécration des ressources mondiales de la matière brute et de l'approvisionnement en nourriture.

Ce serait, en somme, comme un Conseil du monde.

Aujourd'hui c'est une proposition entièrement praticable et d'un avenir brillant, si nous pouvons seulement surmonter l'opposition de ceux qui s'accrochent à cette croyance qu'il est possible à un pays d'être à la fois entièrement pacifique et entièrement

irresponsable envers le reste de l'humanité, même entièrement détaché de
lui.

Avec une assemblée de ce genre, une
aussi grande alliance des Puissances
mondiales, beaucoup d'autres choses
tendant à la pacification du monde deviennent possibles.

Sans elle, nous pouvons peut-être
espérer un certain bénéfice des bons
sentiments améliorés de l'humanité et
de la défaite de la culture militaire allemande, mais nous ne pouvons espérer
l'établissement réel et organisé de la
paix...

Je crois qu'un puissant appui en faveur de la création et du maintien d'un
Congrès du monde de ce genre pourrait
facilement et rapidement se développer
dans l'Amérique du Nord et du Sud, en
Grande-Bretagne et dans l'Empire britannique en général, en France et en
Italie, dans tous les petits pays de l'Europe septentrionale, centrale et occiden-

tale ; il aurait probablement l'appui personnel du Tsar, à moins que ce dernier
n'ait profondément changé d'opinion
depuis le jour où il commença son règne ;
il aurait l'acceptation de la Chine et du
Japon éduqués et la bonne volonté d'une
Allemagne renaissante.

Il ouvrirait une ère nouvelle pour
l'humanité.

III

Cette idée d'un Congrès des belligérants pour régler l'accord de la paix
après cette guerre se développant, par
l'adjonction des Puissances neutres, en
un Congrès du Monde permanent pour
faire respecter la loi internationale et
maintenir la paix de l'humanité, est si
raisonnable, attrayante et désirable que
si elle était convenablement expliquée
elle recevrait probablement l'appui de
dix-neuf personnes intelligentes sur
vingt. Néanmoins sa réalisation est,
dans l'ensemble, improbable. Un simple
dégoût universel de la guerre n'est pas
plus susceptible de mettre fin à la guerre
que l'aversion universelle de la mort n'a

mis fin à la mort. Et bien que la guerre, contrairement à la mort, semble être un sort qu'on peut éviter, il ne s'ensuit pas que son extrême impopularité actuelle y mette fin, à moins que des gens, non seulement le désirent, mais encore veillent à ce que leur désir soit accompli.

Et là encore on est susceptible de rencontrer une opposition active et forte. Bien que la volonté et le bien-être du monde entier puissent être en faveur de la direction future des relations internationales par l'entremise d'un Congrès du Monde, la masse entière de ceux dont les affaires ont été la direction de ces relations internationales est susceptible d'être ou sceptique ou activement hostile à un tel projet. Tous les Ministres des Affaires étrangères, les Ministres étrangers, les diplomates du monde entier, les politiciens qui se sont spécialisés dans la revendication nationale et les Cours qui l'ont symbolisée et renforcée, tous les gens, en un mot, qui auront le contrôle de l'arrangement sont susceptibles de s'opposer à un changement aussi révolutionnaire.

Car ce serait un changement des plus révolutionnaires. Il mettrait fin au secret. Il mettrait fin à tout ce qu'on entend généralement par diplomatie. Il débarrasserait complètement le monde de ces compromis privés et de ces accords en prévision secrets, de ces intrigues, de ces tirages de ficelles et de ces opérations quasi-financières qui ont été la substance même des relations internationales jusqu'ici.

A ces hommes capables et intéressés, pour la plupart très accoutumés à l'état de choses actuel, joueurs habiles et savants du vieux jeu, c'est proposer un jeu nouveau, brutal, difficile et peu sympathique. Ils peuvent, tous ou la plupart d'entre eux, haïr la guerre, mais ils s'attachent à cette conviction que leur méthode d'opérer peut maintenant, après un nouvel arrangement, être par-

faitement capable d'empêcher ou d'at-
ténuer la guerre.

Tous les hommes s'habituent à un
mode de vie et il est tout aussi difficile
à la nature humaine d'abandonner délibérément, au milieu de la vie, une
méthode familière de traiter les choses
en faveur d'une méthode nouvelle et
non encore essayée, que de changer de
langue ou d'émigrer dans un pays entièrement différent. Je comprends ce
que cette proposition signifie pour les
diplomates quand j'essaie de supposer
qu'on pourrait m'inviter à assister à
l'abolition des livres et du journalisme
en faveur du gramophone et du cinématographe, ou m'inviter à adopter l'allemand comme le seul moyen de m'exprimer. Ce n'est que par une pression
énorme de l'opinion mondiale sur ces
monarques, ces ministres et ces représentants, que ceux-ci seront obligés de
considérer la possibilité de s'adapter
eux-mêmes à ce nouveau style de rela-

tions internationales par l'entremise d'un congrès permanent. C'est seulement la considération des espoirs énormes que ce congrès présente au reste du monde qui nous donne le courage de le recommander.

Dans la question de l'abolition possible du système diplomatique actuel, tout comme dans le cas de l'abolition possible de la guerre, bien qu'en faveur de l'abolition il doive y avoir d'énormes intérêts prépondérants et une énorme majorité prépondérante, ce sont néanmoins des intérêts dispersés et une majorité inorganisée et diverse. Du côté adverse, la minorité est, au contraire, compacte, plus intensément et plus immédiatement intéressée et capable de résister à de grands changements avec un maximum d'efficacité.

Il y a par conséquent le plus grand besoin d'une organisation forte et d'une propagande intense en faveur d'un Congrès du Monde si cette minorité, avan-

tageusement postée, doit être surmon-
tée. Et de ces pays tels que les États-
Unis en particulier et des petits pays
neutres libéraux d'Europe, dont la diplomatie est moins développée et a
moins d'influence, les gens à l'esprit
libéral sont des plus disposés à attendre,
et attendent en réalité, une conduite dans
cette affaire particulière. Les forces libérales de Grande-Bretagne, de France et
de Russie sont extraordinairement em-
barrassées et entravées par les vastes
nécessités belligérantes dans lesquelles
la vie de ces nations s'est trouvée engagée. Mais elles suivraient une conduite de ce genre avec la plus grande
vigueur et le plus grand enthousiasme.

Quiconque a suivi l'histoire diplomatique des négociations qui aboutirent à
cette guerre, ne peut douter que, si au
lieu de traités secrets, il y avait eu de
franches proclamations d'intentions et
une franche discussion des ambitions
internationales, cette catastrophe aurait

pu être épargnée au monde. Ce n'est
condamner personne ni aucun pays de
dire cela. Les réserves, les hésitations
et les méprises qui poussèrent l'Allemagne à supposer que l'Angleterre
attendrait patiemment que la France et
la Belgique soient détruites avant qu'on
s'occupe d'elle, étaient inévitables dans
les conditions diplomatiques existantes.

Ce que les gens raisonnables doivent
faire maintenant, ce n'est pas récriminer
sur les détails d'un système dont nous
pouvons tous apercevoir qu'il est déses-
pérément mauvais, mais faire leur possible, en ce moment qui en présente
l'occasion, pour détruire les obscurités
dans lesquelles de nouveaux malheurs
sont en réserve pour nos enfants.

Permettez-moi de résumer cette opinion en d'autres mots, d'ailleurs légèrement différents. A la fin de cette guerre,
il doit y avoir un congrès d'arrangement.
Ce que nous suggérons dans ce chapitre
c'est de rendre ce congrès permanent,

de l'employer à éclaircir et à mettre
au net les relations internationales et
d'*abolir les ambassades*. Au lieu qu'il y
ait un ambassadeur britannique, par
exemple, dans toutes les capitales suffisamment importantes, et à Londres un
ambassadeur de tout État considérable,
ainsi qu'un labyrinthe complexe de relations, méprises, fausses interpréta-
tions naissant des activités mal coor-
données de ce double système d'agents,
nous proposons d'envoyer un ou plusieurs ambassadeurs dans une ville centrale, telle que La Haye, pour s'y rencontrer avec tous les ambassadeurs de
tous les États importants du monde et
traiter les affaires internationales en
réunion collective avec une franchise
nouvelle.

Ceci est maintenant devenu une façon possible de traiter les affaires du
monde par suite du développement des
moyens de communication et d'infor-
mation. L'ambassade dans un pays

étranger est comme une extension de
son pays d'origine, installée là pour
surveiller, reprocher et proposer, sorte
d'œil et de doigt au cœur du pays-hôte;
en cela, elle est maintenant maladroite,
inutile, inefficace et dangereuse. Pour
la plupart des travaux de routine, pour
les rapports de toutes sortes, pour l'action légale et autre au nom des nationaux en voyage, le service consulaire
est suffisant ou peut facilement être
rendu suffisant. Ce qui reste de l'appa-
reil ambassadorial pourrait très bien se
confondre avec le système consulaire,
et l'ambassade devenir une civilité de
cour internationale, un vestige cérémo-
nial sans aucune valeur diplomatique.

IV

Étant donné un permanent Congrès
du Monde, qui serait le développement
du congrès d'arrangement entre les belligérants, une alliance mondiale, avec la
faculté, en dernier ressort, de faire appel
aux forces des Puissances associées,
pour rappeler à la raison les récalci-
trants, un grand nombre de possibilités
s'ouvrent alors à l'humanité qui, autrement, resteraient inaccessibles.

Mais avant que nous parlions de ces
possibilités il serait sage de faire remarquer combien un Congrès du Monde
serait plus susceptible, à la fin de la
guerre, de conclure un arrangement sa-

tisfaisant qu'un congrès confiné aux seuls belligérants.

La guerre a progressé suffisamment pour convaincre tout le monde qu'il ne peut être question maintenant d'une victoire écrasante de l'Allemagne. Elle finira par une défaite plus ou moins complète de l'alliance germano-turque et par un redressement considérable des frontières autrichiennes et ottomanes.

Assistés par la générosité des Autrichiens et des Turcs prédestinés à la ruine, les Allemands se battent maintenant pour s'assurer une voix aussi grande que possible dans l'arrangement final, et il est possible qu'en fin de compte cet arrangement puisse être très agréable à l'Allemagne restée seule par suite du suicide ultime de ses deux alliés subordonnés.

Il ne peut y avoir de doute que la Russie gagnera l'énorme avantage d'une libre ouverture sur la Méditerranée et

que la bataille de la Marne a changé la
fortune de la France d'un désastre en
une expansion. Mais le reste de l'arrangement est encore vague et incertain, et
l'Impérialisme allemand travaille déjà
sérieusement et intelligemment à atteindre une situation finale favorable,
une situation qui permettrait à cet Empire militariste de sortir du combat toujours fort, toujours capable de rede-
venir ce qu'il était et de recommencer
à une date pas très éloignée la lutte
pour la domination européenne. C'est là
une chose qui ne vaut pas mieux pour
le peuple allemand, doué de sens, que
pour le reste du monde, mais c'est la
seule façon permettant à l'Impérialisme
militant de survivre.

Le contraire d'un impérialisme dépouillé des clameurs de l'agression,
devenant constitutionnel et démocratique, c'est-à-dire le contraire d'une
grande Allemagne libérale, serait presque aussi désagréable aux gens qui

contrôlent les destinées de l'Allemagne aujourd'hui, et qui parleront et agiront au nom de l'Allemagne lors de l'arrangement final, qu'une complète soumission à la Serbie victorieuse. A la conférence finale d'arrangement, l'Allemagne, en réalité, ne sera pas représentée du tout. L'Empire militariste prussien sera toujours en vie et ce sera lui qui prendra place au conseil, travaillant avant tout à conserver son existence, à moins que les Alliés n'insistent sur la présence de représentants de Saxe, de Bavière et autres provinces, et demandent le témoignage des sanctions populaires — une chose qu'ils ne demanderont très probablement pas — c'est ce que « l'Allemagne » signifiera à la conférence.

Et ce qui est vrai de l'Allemagne sera plus ou moins vrai de plusieurs autres Puissances alliées...

Une conférence confinée purement

aux belligérants sera en réalité une conférence qui ne représentera même pas
les belligérants. Et elle sera teintée de
toute la politique traditionnelle — agressions, suspicions et subterfuges — qui
aboutit à la guerre. Ce ne sera pas la
fin du vieux jeu — ce vieux jeu qui est
un obstacle aussi abominable au développement de la civilisation moderne.

L'idéalisme de la grande alliance sera
certainement soumis à de dures épreuves, et toute l'énergie des diplomates de
l'Europe centrale sera dirigée vers le
développement et l'utilisation de ces
épreuves.

Ceci, je crois, doit être évident même
aux Ministères des Affaires étrangères
intéressés. Ils doivent voir déjà devant
eux un terrible problème d'arrangement,
un problème que les mauvaises traditions qui leur sont propres ne leur permettront jamais de solutionner. « Dieu
nous garde », pourraient-ils prier, « de
nos propres habileté et perspicacité »,

et ils pourraient même se réjouir de la promesse d'un résultat plus vaste que la coopération des Puissances neutres amènerait avec elle.

Tout Ministère des Affaires étrangères a ses éléments mauvais et vilains, et probablement tout Ministère des Affaires étrangères craint ces éléments. Il y a certainement des imbéciles russes qui rêvent de l'Inde, des imbéciles allemands qui rêvent du Canada et de l'Amérique du Sud, des imbéciles anglais qui rêvent de l'Afrique et de l'Orient : agressionnistes dans le sang, gens qui ne peuvent pas plus laisser les nations vivre en paix que les kleptomanes ne peuvent garder leurs mains dans leurs poches. Mais très probablement il y a aussi, il y a certainement, d'honnêtes monarques et d'équitables ministres des Affaires étrangères tout prêts à s'emparer de l'occasion pour écraser le mal qui sévit dans leurs exécrables chancelleries.

C'est précisément ici que la valeur de la participation des neutres entre en scène. Quelque ambition que puissent avoir les puissances neutres, on peut dire qu'en général elles sont très fortement intéressées à empêcher que l'arrangement ne dégénère en une affaire de profits ou d'avantages permettant, d'un sens ou d'un autre, d'autres nouvelles agressions.

Les États-Unis d'Amérique et la Chine sont, traditionnellement et incurablement, des puissances pacifiques, professant et pratiquant une politique non agressive, et les principaux petits États sont également désireux d'assurer un arrangement qui sera définitif.

De plus, tous les accords internationaux sont maintenant si vastes que ces pays neutres n'ont pas seulement un droit à intervenir juridiquement, mais aussi un droit très pressant à y participer en ce sens qu'aucune sorte de réajustement en Europe, en Asie occidentale et en Afrique ne peut laisser leur avenir indifférent.

Ils sont nécessaires non seulement dans l'intérêt des peuples belligérants mais aussi dans leur propre intérêt et dans celui du monde en général.

Il n'est pas possible qu'on ne tienne pas compte de cela.

V

Une Conférence du Monde, une fois qu'elle est assemblée, peut s'attaquer à certaines questions qu'aucune solution partielle ne résoudrait jamais.

La première de ces questions est le désarmement.

Quiconque a suivi en simple spectateur la politique des quarante dernières années ne peut avoir aucun doute sur la très grande part que les affaires et la finance de la fabrication d'armements ont dans les causes de l'horrible carnage actuel, et quiconque a lu des récits de la lutte actuelle ne peut avoir aucun doute sur la façon dont cette industrie a augmenté la terreur, la cruauté et la monstruosité de la guerre. Jadis, dans la vieille façon de faire la guerre, un homme était frappé après une heure, ou environ, de combat acharné, et tous les blessés sur le champ de bataille étaient ou assassinés aussi humainement que possible ou soignés avant la chute du jour suivant. On était tué par des mains humaines, à la suite de blessures compréhensibles et tolérables.

Mais dans cette guerre-ci la majeure partie des morts — du côté des Alliés en tout cas — ont été tués par des machines ; les blessures ont souvent été d'une horreur inconcevable et le sort des blessés a été plus effrayant que ne fut jamais celui de blessés entre les mains de sauvages victorieux. Durant des jours, des quantités d'hommes ont été laissés, infirmes, déchiquetés, à moitié ensevelis dans la boue et la saleté, gonflés d'eau ou gelés, criant, gémissant, entre les deux tranchées adverses. Le nombre d'hommes, sans blessures physiques réelles, que la guerre a abattus mentalement ou rendus fous par son bruit particulier, par l'effort qu'elle exige, par son étrange anomalie, est énorme. L'horreur, dans cette guerre, a détruit plus d'hommes que ne firent tous les arcs de Crécy.

Presque tout le caractère terrible de cette guerre est dû à sa machinerie nouvelle de destruction que la science a rendue possible. La blessure ou la destruction globale d'hommes par des instruments qu'auparavant on n'avait jamais vus, sans la moindre chance de rendre la pareille, a été sa plus constante caractéristique. Vous ne pouvez ouvrir un journal quelle qu'en soit la date depuis le début de la guerre, sans y lire des récits d'hommes brûlés, échaudés et noyés par l'éclatement de torpilles sous-marines ; d'hommes tombant du ciel du haut d'aéroplanes brisés ; de femmes et d'enfants à Anvers, à Paris, même en Angleterre, mutilés terriblement ou mis en pièces par des bombes aériennes ; d'hommes écrasés ou ensevelis vivants par des obus. Une violence absolument diabolique d'explosifs résultant en cruautés pour la plupart sans aucun effet au point de vue militaire : c'est là le refrain incessant de cette histoire.

La terreur accrue de la guerre due aux armes modernes est, cependant, la seule conséquence de leur développement. La praticabilité de la guerre agressive dans des pays établis maintenant est entièrement dépendante de l'emploi de l'artillerie élaborée sur terre et des navires de guerre sur mer. N'y eût-il que des fusils au monde, le fusil ordinaire fût-il la plus grosse espèce de canon permise, et les navires spécialement faits pour la guerre n'eussent-ils point été faits ainsi, il serait alors impossible d'envahir un pays défendu par une population patriotique et courageuse ayant, de son côté, tout espoir de succès par suite de l'énorme capacité défensive

de l'infanterie retranchée, non soumise
à une irrésistible attaque d'artillerie.

La guerre moderne dépend entièrement de l'équipement le plus cher et le
mieux agencé. Un accord général au
sujet de la réduction de cet équipement,
non seulement réduirait grandement le
mal que cause toute guerre qui éclate,
mais serait un grand pas fait vers l'abolition de la guerre.

Une communauté d'hommes pourrait ne pas vouloir renoncer à son droit
de se combattre les uns les autres si l'occasion s'en présentait, mais elle pourrait
toutefois être d'accord de ne pas porter
d'armes, ou de porter des armes d'un
genre le moins mortel possible : porter
par exemple, des pistolets au lieu de fusils ou des bâtons au lieu de sabres. Ç'a
été, en réalité, l'histoire de l'amélioration sociale dans bien des communautés, et ça a conduit à une réduction
dans le nombre des rencontres. Ainsi,
de la même façon, les Puissances du

monde pourraient vouloir une semblable limitation des armements tout en conservant leur droit souverain de déclarer la guerre dans certaines éventualités. Sur les assurances d'un Conseil du Monde, menaçant d'une intervention générale en cas de manquement à la parole donnée, un tel désarmement partiel deviendrait beaucoup plus facile.

Un autre aspect du désarmement qui mérite d'être signalé, et que seul un Congrès du Monde peut solutionner, c'est l'armement des pays barbares, ou industriellement arriérés, par les nations industriellement puissantes ; la création de marines et de forces d'artillerie dans des pays tels que la Turquie, la Serbie, le Pérou, etc. En Belgique d'innombrables Allemands furent mis en pièces par des canons de fabrication allemande ; l'Europe arme le Mexique contre les États-Unis ; la Chine, l'Afrique, l'Arabie sont remplies d'armes de fabrication européenne et américaine. Ce n'est que la jalousie mutuelle des États hautement organisés qui permet cette perte de pouvoir. Les monstrueux avertissements de notre guerre devraient servir à tempérer leurs sottes hostilités, et c'est maintenant, ou jamais, le temps de contenir ce fol armement des communautés moins avancées.

Mais avant que cela puisse être fait, il est nécessaire que la fabrication du matériel de guerre cesse d'être un commerce privé et une source de profits pour des particuliers, que toutes les inventions et les entreprises qui fleurissent en général autour des affaires ne soient plus dirigées vers l'amélioration progressive du massacre humain. C'est une chose indigne et à laquelle on n'aurait jamais songé que de respectables gentlemen britanniques dirigent des masses d'artisans, magnifiquement organisées sur les rives de la Tyne, dans la fabrication d'armes qui pourront, par suite, réduire en morceaux certains de ces mêmes artisans. Au risque d'être appelé « utopiste », je soutiens que le monde n'est pas assez idiot pour permettre que cette sorte de chose continue indéfiniment. C'est en vérité un développement humain tout récent.

La conduite de toutes les grandes entreprises d'armement sur des principes commerciaux ne date que d'un demi-siècle. Mais elle a poussé avec la vigueur d'une mauvaise herbe, elle a fait naître elle-même une sombre jungle de publicité indirecte et elle a compromis et corrompu un grand nombre de capitalistes et de financiers. C'est peut-être le plus puissant intérêt isolé de tous ceux qui combattent contre la diminution systématique et l'abolition de la guerre, et plutôt que de manquer son but, il pourra être nécessaire au pacifiste d'acheter toutes ces entreprises et d'insister auprès des divers gouvernements qui les ont abritées pour que ceux-ci les prennent ensuite entièrement à leur charge. D'après ce que nous connaissons de l'officialisme un peu partout, le simple transfert impliquera aussitôt un déclin dans leur vigueur et dans leur énergie d'innovation.

C'est peut-être un bonheur que la couronne princière du commerce privé en armement soit portée par l'organisation Krupp, et que sa capture et sa suppression soient une affaire d'une suprême importance pour toutes les Puissances alliées. La Russie avec sa grande population, n'a pas encore développé la fabrication des armements sur une très grande échelle, et elle accueillerait sans doute avec empressement des propositions qui diminueraient la valeur de la machinerie et, ainsi, augmenteraient celle des hommes. A part Krupp et quelques maisons américaines pour la fabrication de carabines et de mitrailleuses, seul le capital anglais et français est très profondément investi dans le commerce des armements. Le problème n'est sûrement pas trop difficile à résoudre pour l'honnêteté et l'art humains.

Nous ne voulons pas dire que la fabrication d'armes doit cesser dans le monde, mais simplement que dans tous les pays elle doit devenir un monopole d'État et, par ce fait même, être entièrement sous le contrôle de l'État. Si l'État peut monopoliser la fabrication et la vente de l'alcool ainsi que l'a fait la Russie, s'il peut, après la Grande-Bretagne, contrôler la fabrication et la vente d'une substance élusive aussi petite que la saccharine, il est ridicule de supposer qu'il ne peut pas se tenir complètement informé de l'existence d'une machinerie aussi spéciale que celle nécessaire pour fabriquer une carabine automatique moderne. Et cela demande un minimum de travail, une bonne foi et de bonnes intentions de la part des divers pays manufacturiers afin de s'entre-informer, et d'informer le monde, en général, de leur respectif équipement militaire.

De cet état de choses à la définition d'un maximum permis de force sur terre et sur mer pour toutes les grandes Puissances contractantes, il n'y a qu'un pas très facile à faire. Le désarmement n'est pas un rêve ; c'est une chose plus praticable qu'une convention hygiénique générale et beaucoup plus facilement applicable que des droits de douane et des impôts.

Maintenant rien de tout ceci n'implique réellement l'abolition des armées, des uniformes ou du service national. A vrai dire, jusqu'à un certain point, c'est au contraire rendre à l'homme son importance au détriment de la machinerie. Une Conférence du Monde pour la préservation de la paix et la suppression des armements n'interviendrait ni dans ces incorrigibles discussions des partis Orange et Vert en Irlande (bien qu'elle pourrait les priver de leurs armes les plus mortelles), ni n'empêcherait absolument la guerre entre des États adjacents. Elle serait cependant une force très puissante qui retarderait l'ouverture des hostilités et serait capable d'insister avec une vigueur tout à fait nouvelle sur l'observation des lois de la guerre.

Ça ne vaut rien de prétendre que le simple pacifisme mettra fin à la guerre. Ce qui mettra fin à la guerre, ce qui, en réalité, est peut-être en train de mettre fin à la guerre, en ce moment, c'est la guerre contre le militarisme.

La force se respecte mais ne respecte aucun pouvoir.

L'espoir d'un monde pacifique dans l'avenir repose en ceci : dans la possibilité d'une grande alliance, si puissante qu'elle forcera les adhésions ; une alliance préparée à faire la guerre contre le gouvernement de n'importe quel État qui deviendrait agressif par son militarisme ; une alliance qui s'appliquerait alors à détruire cet État et à le remplacer. Cette alliance sera, en fait, un Congrès du Monde contenant perpétuellement la sécession agressive, et, de toute évidence, elle doit considérer tous les « No-Man's Lands », ces immensités qui n'appartiennent à personne — et particulièrement cette immensité sauvage, l'océan — comme son plus grand chemin.

Les flottes et les armées des Puissances du monde alliées doivent de toute nécessité avoir la police des déserts et des eaux de la terre.

VI

Un tel contrôle collectif des passions et des relations internationales
est l'arrangement logique évident du
conflit mondial actuel; c'est si manifeste, si juste, que sur vingt personnes
auxquelles on le proposerait, dix-neuf
lui accorderaient probablement leur as-
sentiment. Elles seraient d'accord à re-
connaître qu'une telle mesure, ou toute
autre du même genre, est de beaucoup
préférable aux isolements et à la menace
perpétuelle d'une guerre nouvelle.

Mais, contre ce contrôle, des forces
travaillent, chez ces personnes elles-
mêmes et autour d'elles, qui rendent
le but de cette solution, acceptable

en général, beaucoup moins probable qu'une sorte de non-solution qui ne serait que la réouverture de toutes nos hostilités et de tous nos conflits sur une nouvelle base. Certaines de ces forces sont vagues et générales et ne peuvent être combattues que par une littérature libérale variée et abondante, en un combat vaste et divers dans lequel tout homme à l'esprit droit devra agir ainsi que sa conscience lui dictera.

Il y a les vagues antagonismes nationaux, les réserves en faveur du droit de son propre pays, la sévère hypocrisie religieuse, sociale et morale — du genre de celle de Carlyle — l'ambition, le ressentiment et la suspicion. La plus grande de ces oppositions vagues est ce manque de foi qui fait dire aux hommes que la guerre a toujours été et doit toujours être ; qui les fait prophétiser que tout ce que nous pouvons faire deviendra corrompu et mauvais, même en face des intolérables corruptions et maux actuels.

Lorsqu'au début de la guerre, je publiai un article intitulé : *Pourquoi l'Angleterre est partie en guerre* (1), aussitôt un confrère se hâta de réfuter mon rêve impraticable : « La guerre a toujours été. » Que la force de ce mot est grande ! Il oubliait complètement le fait que la guerre a changé de caractère une demi-douzaine de fois en une demi-douzaine de siècles, que la guerre que nous livrâmes dans le Sud-Africain, la guerre actuelle, les guerres de l'Italie médiévale et les guerres des Peaux-Rouges ont presque autant de commun entre elles qu'un chat, un homme, une paire de ciseaux et une automobile, à savoir qu'ils peuvent tous être un moyen de mort. Si la guerre peut changer de caractère autant qu'elle l'a fait, elle peut en changer entièrement. Si la paix peut être conservée indéfiniment dans les Indes ou l'Amérique du Nord, on peut, tout aussi

(1) Voir la traduction en tête de ce volume.

bien, la conserver dans le monde entier. Ce n'est pas moi qui rêve, c'est mon critique et ceux de son genre qui ne sont pas encore complètement éveillés, et c'est leur somnolence que je crains plus que tout quand je songe à la grande tâche de l'accord mondial.

C'est cette masse, plutôt désespérante, inerte, pseudo-sage, d'incrédules qui rend possible la continuation des dangers de la guerre. Ils encouragent l'activité de la minorité mauvaise qui hait, qui vit d'orgueil et de satisfactions hideuses et qui désire ardemment, par conséquent, avoir sans cesse de nouvelles guerres. Et c'est eux qui s'opposeront à ce que le démêlement final soit confié à d'autres mains qu'aux mains diplomatiques. « Que connaissons-nous des nuances de toutes ces choses ? » demanderont-ils, avec cette paresse qui singe la modestie. C'est eux qui se plaindront lorsque nous chercherons à acheter les entreprises d'armements.

Toutes les maisons privées d'armements du monde entier pourraient, sans
doute, être achetées pour soixante-dix
millions de livres sterling (1.750 millions
de francs), mais les incrédules secoue-
ront la tête et diront : « Achetez-les, mais
ce sera tout simplement remplacé par
autre chose ! »

Il y a cependant de nombreuses
forces, non calculées, qui militent en faveur du grand arrangement. Le cynisme
n'est jamais rien de plus qu'une demi-vé-
rité, et parce que l'homme est imparfait
il ne s'ensuit pas qu'il doive être futile.

La Russie est un pays de silences
étranges, mais il est manifeste, quel que
puisse être le caractère intime du Tsar,
qu'il n'est point un vulgaire conqué-
rant cabotin du genre Wilhelm. Il commença son règne, et il peut maintenant arriver à son apogée, en essayant
d'établir la paix sur des bases plus
neuves et plus larges. Sa religion, semble-t-il, est sa maîtresse et non sa ser-

vante. Il n'y a heureusement pas eu de Bernhardi russe.

L'on a fait beaucoup de bruit en Amérique, par la parole et la plume, depuis le début de la guerre : et ce bruit n'a pas été sans surprendre le monde. Je dois avouer, personnellement — et, je crois, au nom de nombreux Européens — qu'en cette affaire ce que nous craignions le plus des États-Unis, c'était la frivolité. Nous comptions sur un simple énervement, de violentes fluctuations d'opinions, une irresponsabilité confuse et peut-être de malignes et désastreuses interventions. C'est inutile de cacher un secret de Polichinelle. Nous jugions l'Amérique d'après son titre pacifique. Il est temps que nous offrions nos excuses à l'Amérique et à la démocratie. Après avoir lu d'innombrables journaux et articles américains parmi les plus divers, après avoir suivi les actes du gouvernement américain et parlé à des Américains autorisés, on s'aperçoit de l'existence d'une forte mentalité nationale, très claire, d'une volonté ferme, maîtrisée, collective, beaucoup plus considérable dans son ensemble que tout ce que le monde a pu voir auparavant. Nous pensions que les États-Unis seraient sentimentalement patriotiques et irresponsables, qu'ils agiraient comme si le Nouveau Monde était en réalité une planète séparée, et comme s'ils n'avaient aucun devoir ou aucune fraternité envers l'Europe. Il est tout à fait clair, au contraire, que le peuple des États-Unis considère cette guerre comme son affaire à lui aussi, et qu'il aura un sentiment très vif de sa responsabilité dans le bien-être général de l'humanité.

Si bien que, comme seconde chance, après la possibilité d'un appui complet du Tsar dans l'arrangement que nous proposons, et comme une probabilité encore beaucoup plus grande, se trouvent l'insistance de l'Amérique à user de son droit de parole lors du règlement ultime et une initiative de l'hémisphère occidental qui aboutira à un Congrès du Monde. Ce sont là les deux sources les plus encourageantes de cette grande proposition.

C'est dans la tradition de la conduite nationale britannique d'être banale jusqu'à l'ennui, et toute l'intelligence coalisée de la Grande-Bretagne luttera en vain contre la passion nationale pour l'ordinaire. L'Angleterre, sous le costume de sir Edward Grey, prendra place au Congrès comme un notaire de province prendrait place parmi les dieux. Mais l'Angleterre suivra volontiers un exemple : le notaire de province est honnête et rempli d'intentions excellentes. La France, la Belgique et l'Italie sont trop profondément impliquées dans l'affaire pour prendre une initiative qui révolutionnerait les relations internationales...

Il y a cependant une troisième source

possible d'où la proposition d'un Congrès du Monde pourrait venir, avec l'appui à la fois des neutres et des belligérants, et c'est La Haye. S'il y avait en ce moment à La Haye un homme de force et de génie, un homme parlant avec autorité et non comme un scribe, il pourrait doter le monde de bienfaits énormes...

C'est de ces trois sources que, je l'espère, viendra la ligne de conduite. Du nouveau pape et de son influence, je ne sais rien. Je suivrais volontiers le Pape, j'oublierais toutes mes querelles avec le christianisme s'il pouvait donner une ligne de conduite au monde, s'il pouvait être autre chose que faible. Mais dans la situation actuelle des affaires du monde, il nous sied mal d'attendre oisivement que l'on vienne déblayer la route pour nous.

Tout homme qui comprend les vastes conditions de la situation, tout homme qui doit parler ou écrire ou s'en faire l'écho, doit tenter le possible pour répandre sa compréhension d'un Congrès du Monde et de l'établissement définitif de la loi mondiale et de la paix mondiale qui gisent sous les misères, les cruautés et les confusions de cette époque catastrophique...

Avec une opinion fortement répandue et organisée, des initiatives naîtront de tous côtés efficacement; mais il faut vouloir et vouloir fort : sans quoi elles seront parfois infructueuses.

FIN

TABLE DES MATIÈRES

ACHEVÉ D'IMPRIMER
le quinze décembre mil neuf cent quinze
PAR
E. ARRAULT ET Cie
A TOURS
pour
« ÉDITIONS ET LIBRAIRIE »
40, RUE DE SEINE
PARIS

4700

9 782019 982171